CM1

Lecture

• Manuel •

Méthode explicite

Jean-Claude Dunkhorst
Inspecteur de l'Éducation nationale honoraire

Guillaume Hamon
Professeur des écoles

la librairie des écoles

Sommaire

Période 1 ▸ Enfances

Période 2 ▶ Vie sauvage

Sommaire

Période 3 ▸ Merveilles de France

Période 4 ▶ L'homme et la nature

Sommaire

Présentation des lectures

La lecture suivie d'œuvres choisies, lues sur plusieurs épisodes, permet aux élèves de s'attacher aux personnages, de se familiariser avec le contexte et de s'approprier le récit, afin de ressentir le plaisir de lire.

À chaque période correspond un thème différent. Grâce à ces thèmes, les élèves voyagent du proche vers le lointain, du quotidien vers l'imaginaire et de l'enfance vers l'âge adulte.

Période 1 Enfances

• **La Ménagerie**,
L'Omelette au sucre, *Jean-Philippe Arrou-Vignod*

Jean-B. a quatre frères, un papa médecin et une maman très organisée. Pourtant, il lui manque quelque chose pour être parfaitement heureux : plus que tout, il aimerait adopter un chien.

• **Sans famille**,
Hector Malot

Rémi, petit orphelin, suit son maître Vitalis et sa troupe constituée de deux chiens et d'un singe sur les routes de France. Grâce à Vitalis, Rémi découvre la lecture et apprend beaucoup de choses.

Période 2 Vie sauvage

• **Le Livre de la jungle**,
d'après *Rudyard Kipling*

Un petit d'homme est adopté par une famille de loups. Il faut maintenant que le clan l'accepte et qu'il apprenne la Loi de la jungle.

• **Le Vent dans les saules**,
Kenneth Graham

C'est le printemps. M. Taupe décide de sortir profiter du réveil de la nature, plutôt que de rester faire le grand ménage de printemps chez lui.

Période 3 Merveilles de France

• **Textes documentaires**

Ces textes documentaires de deux épisodes chacun permettent de découvrir des lieux emblématiques du patrimoine français :

- la grotte de Lascaux ;
- le pont du Gard ;
- le Mont-Saint-Michel ;
- la cathédrale de Reims ;
- le château de Versailles ;
- la tour Eiffel ;
- la terre Adélie.

Période 4 L'homme et la nature

• **Un poète à la cour de Versailles**,
Annie Pietri

Ce texte, écrit pour notre méthode par Annie Pietri, met en scène le dauphin, fils de Louis XIV, qui parle de son amour pour Jean de La Fontaine et ses fables.

• **L'Homme qui plantait des arbres**,
Jean Giono

Le narrateur voyage à pied à travers des landes désertiques dans les Alpes. Il y rencontre un vieux berger dont l'occupation bien particulière transformera profondément le paysage et la vie qui s'y installe.

Période 5 À la conquête du monde

• **Gulliver et les Lilliputiens**,
d'après *Jonathan Swift*

Gulliver, jeune homme aventureux, part en voyage et fait un jour naufrage dans un royaume habité par un peuple extraordinaire.

• **Lancelot et la Dame du Lac**,
d'après *Chrétien de Troyes*

Élevé par la Dame du Lac, une fée initiée par Merlin, Lancelot se rend auprès du roi Arthur pour devenir chevalier, faire ses preuves et découvrir qui il est réellement.

Présentation du manuel

Le manuel de lecture suit un enseignement structuré et progressif.
Il propose des activités ritualisées qui permettent d'ancrer les apprentissages.

Les **œuvres**, choisies pour leur intérêt et leur richesse en lien avec le thème de la période, sont découpées en 6 ou 8 épisodes.

La **compréhension** fait l'objet d'un apprentissage explicite.

Sans famille

Une ombre dans la nuit Épisode 7

La troupe de Vitalis quitte Bordeaux et reprend la route à travers les Landes.

L'ESPÉRANCE d'arriver bientôt nous avait fait hâter le pas, et mon maître lui-même, malgré son habitude des longues marches, se sentait fatigué. Il voulut s'arrêter et se reposer un moment sur le bord de la route. Mais, au lieu de m'asseoir près de lui, je voulus gravir un petit monticule planté de genêts qui se trouvait à une courte distance du chemin, pour voir si de là je n'apercevrais pas quelque lumière dans la plaine. J'appelai Capi pour qu'il vînt avec moi. Mais Capi, lui aussi, était fatigué, et il avait fait la sourde oreille, ce qui était sa tactique habituelle avec moi lorsqu'il ne lui plaisait pas de m'obéir.

« As-tu peur ? » demanda Vitalis.

Ce mot me décida à ne pas insister, et je partis seul pour mon exploration. Je voulais d'autant moins m'exposer aux plaisanteries de mon maître que je ne me sentais pas la moindre frayeur.

Cependant la nuit était venue, sans lune, mais avec des étoiles scintillantes, qui éclairaient le ciel et versaient leur lumière dans l'air chargé de légères vapeurs, que le regard traversait.

Tout en marchant et en jetant les yeux à droite et à gauche, je remarquai que ce crépuscule vaporeux donnait aux choses des formes étranges. […]

De loin ces buissons, ces genêts et ces arbres ressemblaient à des êtres vivants appartenant à un monde fantastique.

Cependant je ne tardai pas à atteindre le sommet de ce petit tertre. Mais j'eus beau ouvrir les yeux, je n'aperçus pas la moindre lumière. Après être resté un moment l'oreille tendue, ne respirant pas pour mieux entendre, un frisson me fit tressaillir. Le silence de la lande m'avait effaré ; j'avais peur. De quoi ? Je n'en savais rien. Du silence sans doute, de la solitude et de la nuit. En tout cas, je me sentais comme sous le coup d'un danger. À ce moment même, regardant autour de moi avec angoisse, j'aperçus au loin une grande ombre se mouvoir rapidement au-dessus des genêts, et en même temps j'entendis comme un bruissement de branches qu'on frôlait. Quelqu'un ? Mais non, ce ne pouvait pas être un homme, ce grand corps noir qui venait sur moi. […] Ce qu'il y avait de certain, c'est que cette bête, montée sur des jambes d'une longueur démesurée, s'avançait de mon côté par des bonds précipités. Assurément elle m'avait vu, et c'était sur moi qu'elle accourait.

38 Période 1 Semaine 7

Enfances

Cette pensée me fit retrouver mes jambes, et, tournant sur moi-même, je me précipitai dans la descente pour rejoindre Vitalis. Mais, si vite que j'allasse, la bête allait encore plus vite que moi. Je n'avais plus besoin de me retourner ; je la sentais sur mon dos.

Compréhension

1. Qu'est-ce qui fait hâter le pas de Vitalis et de Rémi ?
2. Que veut faire Rémi au lieu de s'asseoir à côté de son maître sur le bord de la route ?
3. Quelle tactique Capi utilise-t-il pour ne pas accompagner Rémi ?
4. Qu'est-ce qui décide Rémi à partir seul escalader le monticule ?
5. Quelle est la seule source de lumière éclairant la nuit ?
6. Selon Rémi, à quoi ressemblent les buissons, les genêts et les arbres ?
7. Que voit et qu'entend Rémi quand, angoissé, il regarde autour de lui ?
8. Selon toi, de quelle bête peut-il s'agir ?

Lexique ▶ Le mot-clé briller

« … mais avec des étoiles qui **brillaient** dans le ciel. »

BRILLER	
noms	lune • lumière • étoile • caillou • diamants • sol • chaussure • robe • visage • sportif • élève • artiste
synonymes	scintiller • étinceler • luire • éblouir • resplendir
antonymes	assombrir • éteindre • disparaître • obscurcir • pâlir
famille de mots	brillant • brillance • brillamment
expressions	briller de mille feux • briller par son absence
un mot, plusieurs sens	1 produire une lumière vive 2 renvoyer, réfléchir la lumière 3 reluire 4 manifester une émotion 5 réussir, exceller

Période 1 Semaine 7 39

Les élèves travaillent une notion de **lexique** ou de **morphologie lexicale** en lien avec le thème de la lecture suivie et de la leçon de rédaction : le **sens propre** et le **sens figuré**, l'**homonymie**, les **mots de la même famille** et leur **étymologie**, les **termes génériques** et **spécifiques**, les **préfixes** et les **suffixes**.
Ils créent des cartes d'identité de mots regroupant ces différentes notions.

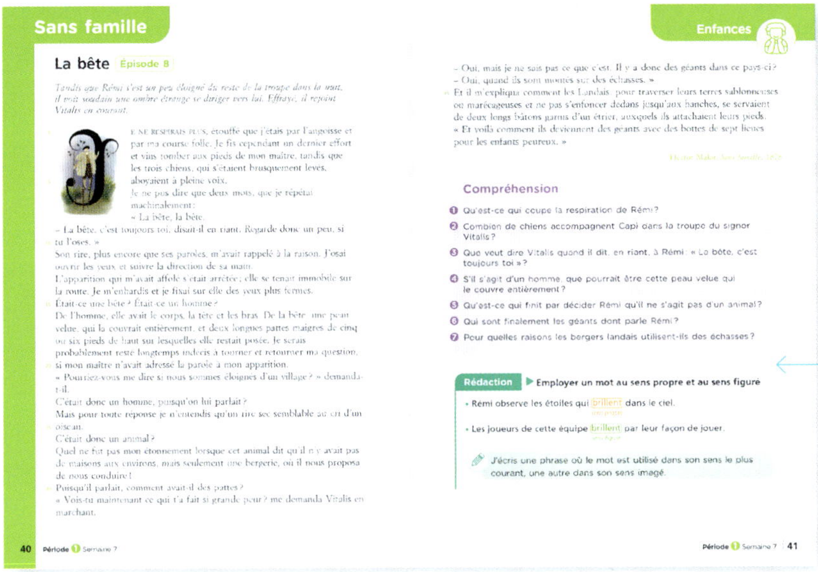

Sans famille

La bête Épisode 8

Tandis que Rémi s'est un peu éloigné du reste de la troupe dans la nuit, il voit soudain une ombre étrange se diriger vers lui. Effrayé, il rejoint Vitalis en courant.

Je ne respirais plus, étouffé que j'étais par l'angoisse et par ma course folle. Je fis cependant un dernier effort et vins tomber aux pieds de mon maître, tandis que les trois chiens, qui s'étaient brusquement levés, aboyaient à pleine voix.

Je ne pus dire que deux mots, que je répétai machinalement :

« La bête, la bête.

– La bête, c'est toujours toi, disait-il en riant. Regarde donc un peu, si tu l'oses. »

Son rire, plus encore que ses paroles, m'avait rappelé à la raison. J'osai ouvrir les yeux et suivre la direction de sa main.

L'apparition qui m'avait affolé s'était arrêtée ; elle se tenait immobile sur la route. Je m'enhardis et je fixai sur elle des yeux plus fermes.

Était-ce une bête ? Était-ce un homme ?

De l'homme, elle avait le corps, la tête et les bras. De la bête, une peau velue, qui la couvrait entièrement, et deux longues pattes maigres de cinq ou six pieds de haut sur lesquelles elle restait posée. Je serais probablement resté longtemps indécis à tourner et retourner ma question, si mon maître n'avait adressé la parole à mon apparition.

« Pourriez-vous me dire si nous sommes éloignés d'un village ? » demanda-t-il.

C'était donc un homme, puisqu'on lui parlait ?

Mais pour toute réponse je n'entendis qu'un rire sec semblable au cri d'un oiseau.

C'était donc un animal ?

Quel ne fut pas mon étonnement lorsque cet animal dit qu'il n'y avait pas de maisons aux environs, mais seulement une bergerie, où il nous proposa de nous conduire !

Puisqu'il parlait, comment avait-il des pattes ?

« Vois-tu maintenant ce qui t'a fait si grande peur ? me demanda Vitalis en marchant.

40 Période 1 Semaine 7

Enfances

– Oui, mais je ne sais pas ce que c'est. Il y a donc des géants dans ce pays-ci ?

– Oui, quand ils sont montés sur des échasses. »

Et il m'expliqua comment les Landais, pour traverser leurs terres sablonneuses ou marécageuses et ne pas s'enfoncer dedans jusqu'aux hanches, se servaient de deux longs bâtons garnis d'un étrier, auxquels ils attachaient leurs pieds.

« Et voilà comment ils deviennent des géants avec des bottes de sept lieues pour les enfants peureux. »

Hector Malot, *Sans famille*, 1878.

Compréhension

1. Qu'est-ce qui coupe la respiration de Rémi ?
2. Combien de chiens accompagnent Capi dans la troupe du signor Vitalis ?
3. Que veut dire Vitalis quand il dit, en riant, à Rémi : « La bête, c'est toujours toi » ?
4. S'il s'agit d'un homme, que pourrait être cette peau velue qui le couvre entièrement ?
5. Qu'est-ce qui finit par décider Rémi qu'il ne s'agit pas d'un animal ?
6. Qui sont finalement les géants dont parle Rémi ?
7. Pour quelles raisons les bergers landais utilisent-ils des échasses ?

Rédaction ▶ **Employer un mot au sens propre et au sens figuré**

- Rémi observe les étoiles qui brillent dans le ciel.
- Les joueurs de cette équipe brillent par leur façon de jouer.

J'écris une phrase où le mot est utilisé dans son sens le plus courant, une autre dans son sens imagé.

Période 1 Semaine 7 41

Les élèves composent de courtes **rédactions** hebdomadaires.
Elles peuvent être :
– des activités préparatoires aux écrits longs,
– des entraînements aux stratégies d'écriture ou de réécriture,
– des activités de prolongement du lexique.

Je rédige

Je lis et j'apprends un poème

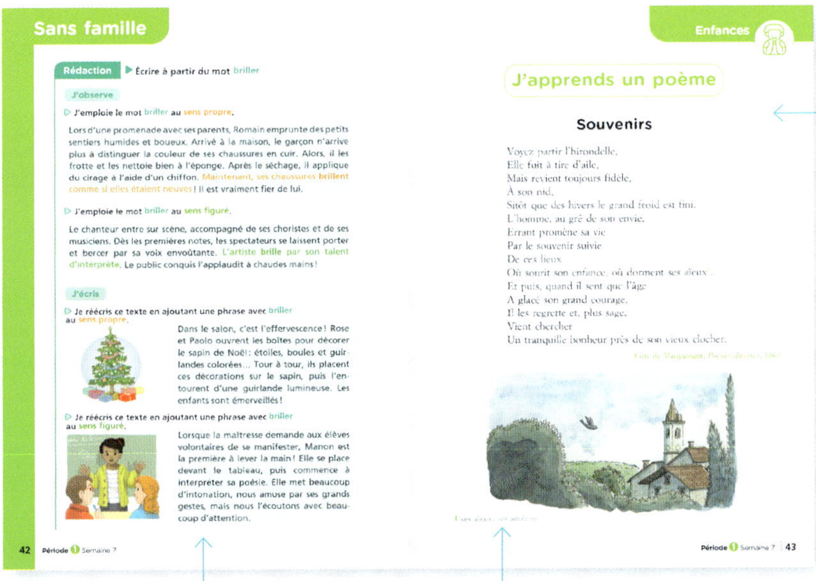

Sans famille

Rédaction ▶ **Écrire à partir du mot briller**

J'observe

▷ J'emploie le mot briller au sens propre.

Lors d'une promenade avec ses parents, Romain emprunte des petits sentiers humides et boueux. Arrivé à la maison, le garçon n'arrive plus à distinguer la couleur de ses chaussures en cuir. Alors, il les frotte et les nettoie bien à l'éponge. Après le séchage, il applique du cirage à l'aide d'un chiffon. Maintenant, ses chaussures **brillent** comme si elles étaient neuves ! Il est vraiment fier de lui.

▷ J'emploie le mot briller au sens figuré.

Le chanteur entre sur scène, accompagné de ses choristes et de ses musiciens. Dès les premières notes, les spectateurs se laissent porter et bercer par sa voix envoûtante. L'artiste **brille** par son talent d'interprète. Le public conquis l'applaudit à chaudes mains !

J'écris

▷ Je réécris ce texte en ajoutant une phrase avec briller au sens propre.

Dans le salon, c'est l'effervescence ! Rose et Paolo ouvrent les boîtes pour décorer le sapin de Noël : étoiles, boules et guirlandes colorées... Tour à tour, ils placent ces décorations sur le sapin, puis l'entourent d'une guirlande lumineuse. Les enfants sont émerveillés !

▷ Je réécris ce texte en ajoutant une phrase avec briller au sens figuré.

Lorsque la maîtresse demande aux élèves volontaires de se manifester, Manon est la première à lever la main ! Elle se place devant le tableau, puis commence à interpréter sa poésie. Elle met beaucoup d'intonation, nous amuse par ses grands gestes, mais nous l'écoutons avec beaucoup d'attention.

42 Période 1 Semaine 7

Enfances

J'apprends un poème

Souvenirs

Voyez partir l'hirondelle,
Elle fuit à tire d'aile,
Mais revient toujours fidèle,
À son nid,
Sitôt que des hivers le grand froid est fini.
L'homme, au gré de son envie,
Errant promène sa vie
Par le souvenir suivie
De ces lieux
Où sourit son enfance, où dorment ses aïeux.
Et puis, quand il sent que l'âge
A glacé son grand courage,
Il les regrette et, plus sage,
Vient chercher
Un tranquille bonheur près de son vieux clocher.

Guy de Maupassant, *Poésies diverses*

Période 1 Semaine 7 43

Deux fois par période, les élèves peuvent lire en autonomie et mémoriser des **poèmes** ou des **fables** appartenant au patrimoine français.

Deux fois par période, les élèves sont amenés à rédiger un texte reprenant les apprentissages des séances précédentes ou partant du mot dont ils ont construit la carte d'identité.

Les mots difficiles sont expliqués pour privilégier la lecture en autonomie.

La Ménagerie

Le meilleur ami des enfants Épisode 1

MON rêve serait d'avoir un chien.
Un labrador, comme Dagobert dans le Club des Cinq.
Il serait juste à moi et il montrerait les dents quand Jean-A. lui donnerait des ordres.

En prévision de ce jour-là, j'ai acheté un livre qui s'appelle *Comment s'occuper de votre fidèle compagnon*. On voit toutes les races de chiens, ce qu'il faut leur donner à manger, les colliers anti-puces, les vaccins, et comment leur faire leur toilette.
Je connais le livre par cœur. Dans mon tiroir secret, j'ai même un os en caoutchouc que j'ai acheté pour quand j'aurai un chien. J'ai préparé aussi des listes de noms : Dagobert, Rex, Prince, Rintintin… Tout dépendra à quoi il ressemblera.

J'adore y penser, m'imaginer toutes sortes de jeux qu'on ferait tous les deux. Mais en même temps ça me rend triste parce que papa et maman ne veulent pas qu'on ait un chien.
Ils disent qu'on est bien assez nombreux sans s'encombrer en plus d'un animal. Cinq enfants, bientôt six, en plus des poissons rouges et du cochon d'Inde, ça va comme ça : pas question de transformer la maison en ménagerie.

– C'est important pour notre développement, je dis. S'occuper d'un animal à notre âge nous donne le sens des responsabilités et permet des transferts propices à notre épanouissement affectif.
C'est ce qu'on dit dans mon livre : le chien sera toujours le meilleur ami des enfants.
– Je connais la musique, dit papa. Au début, tout le monde voudra s'en occuper, et après ce sera à moi de le descendre faire sa promenade. J'ai assez de cinq enfants comme ça.
– Mais non, papa, je te jure : c'est moi qui m'en occuperai !
– D'abord, dit maman, c'est un crime d'avoir un chien en appartement. Le pauvre s'ennuierait toute la journée.
Ça, c'est un argument qui me tue. Pourquoi on n'habite pas dans une maison avec un jardin, comme François Archampaut ?

Compréhension

1. Qu'a fait le narrateur, Jean-B., pour se préparer à accueillir le chien qu'il espère avoir un jour ?
2. Qu'a-t-il encore acheté ?
3. De quelle race le chien Dagobert est-il ?
4. Pourquoi le narrateur est-il aussi triste quand il imagine sa vie avec un chien ?
5. Si le narrateur est Jean-B., que peux-tu dire de son frère Jean-A. ?
6. Que disent les parents pour ne pas avoir de chien ?
7. Quel argument Jean-B. utilise-t-il pour faire changer d'avis ses parents ?
8. Est-ce que les parents sont touchés par l'argument de Jean-B. ? Que répond le père ? Que répond la mère ?

Lexique ▶ Les noms féminins en -ade

« … ce sera à moi de le descendre faire sa **promenade**. »

- promener → la promenade
- se balader → une balade
- rouler → la roulade
- glisser → la glissade
- griller → la grillade
- bousculer → la bousculade
- se baigner → la baignade
- escalader → l'escalade
- noyer → la noyade
- parer → la parade
- embrasser → l'embrassade
- accoler → l'accolade

Les noms féminins en **-ade** sont le résultat de l'action du verbe.

Sémiramis de la Trouillère Épisode 2

Jean-B. rêve d'avoir un chien. Mais ses parents ne sont pas d'accord.

LE CHIEN de François Archampaut s'appelle Sémiramis de la Trouillère. C'est un drôle de nom pour un chien, mais François Archampaut dit que c'est parce que son chien a un pedigree qui remonte aux rois carolingiens. C'est un chihuahua microscopique avec des rubans sur la tête et un collier incrusté de diamants. Le chauffeur le promène tous les jours dans la DS 19, assis sur un petit coussin de soie sur le siège du passager.
François Archampaut dit que Sémiramis de la Trouillère ne peut manger que dans des gamelles en or massif parce que, sinon, ça lui donne des allergies terribles.

Jean-A., qui est jaloux, dit que le chien de François Archampaut fait des crottes plus grosses que lui.
– Je t'apprendrai, dit François, que Sémiramis a fait l'école des chiens policiers de Scotland Yard. Il est petit, d'accord, mais il peut maîtriser n'importe quel voleur armé jusqu'aux dents. Il a même failli jouer dans un feuilleton télévisé, mais on n'a trouvé aucun chien assez fort pour le doubler dans les cascades.
Ça en a bouché un coin à Jean-A. parce qu'on n'a pas la télé et qu'il n'a pas pu vérifier.

Un jour, on a trouvé un chien dans l'entrée de l'immeuble.
C'était un minuscule corniaud à la démarche pataude et maladroite, qui fouillait dans le local des poubelles.
C'est Jean-C. qui a eu l'idée : puisque papa et maman ne voulaient pas qu'on ait un chien, on le garderait en cachette, juste pour nous.
– D'accord, a dit Jean-A., mais il sera à moi.
– Pas question, a dit jean-C. Je l'ai vu le premier.
– J'ai lu un livre sur les chiens, j'ai dit. Il n'y a que moi qui peux m'en occuper.
On s'est disputé un moment, puis on a décidé qu'il serait à nous trois.
On l'a glissé dans mon cartable et on l'a monté en cachette jusqu'à l'appartement.

Compréhension

1. Qui est, selon toi, François Archampaut ?
2. À quoi te fait penser le nom du chien de François Archampaut : Sémiramis de la Trouillère ?
3. Est-ce que le chien de François se promène comme les autres chiens ?
4. Pourquoi, selon François, son chien doit-il manger dans des gamelles en or ?
5. Que dit Jean-A. du chien de François ?
6. Qu'est-ce qui « en bouche un coin » à Jean-A. ?
7. Que décident les trois frères, Jean-A., Jean-B. et Jean-C., le jour où ils découvrent un petit chien dans l'entrée de leur immeuble ?

Rédaction ▶ Enrichir et améliorer une phrase

Un garçon trouve un chien.
→ Un jeune garçon trouve un chien devant l'entrée de son immeuble. Ce cocker, noir et blanc, semble tout chétif et abandonné. Le garçon le cartable sur le dos, s'accroupit, et le caresse doucement.

Pour améliorer une phrase, je peux **ajouter** / **déplacer** / **supprimer** / **remplacer** des mots.

Je **décris** bien les personnages, leur attitude et leurs actions.

Je **précise** le lieu, le moment ou la manière dont l'action se déroule.

Dagobert Épisode 3

Un jour, en rentrant de l'école, Jean-B. et ses frères trouvent un petit chien dans les poubelles en bas de leur immeuble.

PAR CHANCE, maman était partie faire des courses avec Jean-D. et Jean-E. On lui a fait une niche avec le dernier tiroir du bureau, un panier avec une vieille corbeille de fruits confits.

Comme il ne voulait jamais rester tranquille, on a passé la fin d'après-midi à quatre pattes à le rattraper sous les lits et à jouer avec lui.

En moins de temps qu'il ne faut pour le dire, il avait déchiqueté :

– un chausson de Jean-C.
– l'album *Spirou* 1976, 674 pages, que j'avais reçu à Noël
– un paquet de Zan tout neuf
– une balle super-rebondissante en caoutchouc
– le rideau de la douche

C'était génial !

L'un après l'autre, on faisait le guet à la porte, et quand maman est arrivée avec les petits, on était tous les trois plongés avec application dans nos devoirs de classe.

– Bonne journée, mes chéris ? elle a demandé en nous embrassant.

– Hon, hon…, on a fait sans même lever la tête de nos cahiers.

– Quel sérieux dans cette maison ! elle a dit, un peu inquiète quand même. Vous êtes sûrs que tout va bien ?

On n'a pas répondu, trop concentrés sur nos devoirs. Jean-A. avait sa flûte à portée de main au cas où notre chiot se serait mis à couiner. Quand on a rouvert le tiroir, il dormait bien sagement en boule dans sa corbeille.

– On l'appellera Grognard, a dit Jean-A. Comme les soldats préférés de Napoléon.

– Non, j'ai dit. On l'appellera Dagobert.

– Non, a dit Jean-C. Milou, comme le chien de Tintin.

Au dîner, on s'est mis des restes de viande dans les poches, mais quand on a voulu les donner au chien, la corbeille était vide.

– Catastrophe ! a dit Jean-A. Il s'est échappé du tiroir.

Compréhension

1. Y a-t-il quelqu'un à la maison quand les trois frères rentrent avec le chien ?
2. Comment les enfants aménagent-ils l'espace réservé au chien ?
3. Pourquoi les enfants sont-ils obligés de jouer avec le chien tout l'après-midi ?
4. Est-ce que le chien joue calmement ?
5. Est-ce que les trois frères sont réellement appliqués à faire leurs devoirs de classe ?
6. Est-ce qu'ils sont d'accord sur le nom à donner à leur chien ?
7. Quel est le seul nom qui n'est pas suivi d'une explication ?
8. Que découvrent les trois frères après le dîner ?

Lexique ▶ Sens propre, sens figuré

« On était tous les trois **plongés** avec application dans nos devoirs de classe. »

Jean-B. plonge dans le grand bassin de la piscine.

Le mot est employé dans son sens propre : son **sens concret**, et le plus courant, pour signifier que Jean-B. entre entièrement dans l'eau.

Jean-B. plonge dans ses devoirs de classe.

Le mot est employé dans son sens figuré : son **sens imagé**, pour signifier que Jean-B. est pleinement entré dans son travail, comme s'il plongeait dans l'eau.

Le conseil de guerre Épisode 4

Quand Jean-B. et ses frères reviennent du dîner, le petit chien a disparu de leur chambre.

N A FOUILLÉ partout, sous les lits, dans le placard à chaussures, la penderie. Autant chercher une aiguille dans une meule de foin : d'abord la chambre n'est jamais bien rangée, et il était si petit qu'il aurait pu se cacher n'importe où.

– Qu'est-ce qu'on va faire ? a demandé Jean-C.

– Il n'a pas pu quitter la chambre, a dit Jean-A. Préparons un appât, la faim le fera bien sortir de sa cachette.

C'était un bon plan. J'avais déjà lu ça dans une histoire de l'*Album des Jeunes* qui se passait aux Indes : des chasseurs attachent une chèvre vivante à un piquet pour piéger un tigre mangeur d'hommes.

On a mis les rogatons dans une assiette, bien en vue, et on s'est mis au lit comme si de rien n'était, le drap sur la tête et surveillant l'appât.

– Tu crois que ça va marcher ? j'ai murmuré.
– Silence, a fait Jean-A. Tais-toi et guette.

On est restés comme ça pendant une heure, les yeux écarquillés dans l'obscurité et retenant notre respiration.
– Alors ? a demandé Jean-C. en venant aux nouvelles.
– Toujours rien.
– Et si on mettait des rondelles de saucisson dans l'assiette ? j'ai proposé. Peut-être qu'il préfère ça à la viande.
Trop risqué, a dit Jean-A. Si on se fait piquer dans la cuisine, on est cuits. Il faut attendre. Il va bien se décider à sortir.
Une heure plus tard, toujours pas de chiot.
Papa et maman avaient dû aller se coucher, parce qu'on n'entendait plus un bruit dans l'appartement. Les yeux me brûlaient et je commençais à être inquiet.
– Il s'est peut-être glissé dans une de tes chaussures et il s'est asphyxié, a gloussé Jean-A.
– Très drôle, j'ai dit, mais je n'avais pas le cœur à rire.

Soudain, la lumière du plafonnier a jailli.
– Est-ce que vous auriez l'extrême amabilité de m'expliquer ce que fait cette… cette… chose dans mon lit ? a tonné une voix.
On a risqué un œil hors des draps, feignant d'être éblouis comme si on dormait depuis longtemps.
– Qui ça, nous ? a articulé Jean-A. d'une voix pâteuse.

Papa se tenait sur le seuil, en pyjama, une brosse à dents dans la main droite.
Dans l'autre, suspendu par la peau du cou, il y avait Dagobert, enfin Grognard ou Milou, qui mâchonnait tranquillement une chaussette.
– Pas la peine de jouer les innocents, a dit papa d'une voix glacée. Conseil de guerre. Je vous attends tous les deux au salon.

Ça a vraiment bardé.

On a eu beau pleurer, supplier, papa ramenait dès le lendemain notre chiot à la SPA.
– J'en suis aussi triste que vous, il a dit en revenant. Il avait une bouille bien sympathique, ce corniaud.
– Ils vont le tuer, j'ai sangloté. Ils mettent les chiens dans des sacs et les noient !
– Mais non, a dit papa. Il restera au chenil jusqu'à ce qu'il trouve un maître. Il sera plus heureux dans une maison où il pourra courir tout son saoul. Ici, en appartement, il serait vite devenu neurasthénique. Est-ce que vous comprenez ?
On a fait oui de la tête, mais j'étais désespéré.
Je n'ai rien pu manger de toute la journée. En classe, je me mettais à pleurer pour un rien.
Chaque fois que je passais devant le local à poubelle, je m'attendais à voir surgir en jappant notre petit chiot si pataud, et les larmes me montaient aux yeux.

– Je t'assure qu'il est heureux là-bas, disait maman pour me consoler. Lui aussi a besoin d'amis. Le refuge, c'est comme une grande colonie de vacances pour lui.
Mais je sentais bien à sa voix qu'elle n'en pensait pas un mot.

Compréhension

1. Que commencent par faire les enfants quand ils découvrent que le chien a disparu ?
2. Que font-ils ensuite pour essayer de retrouver le chien ?
3. Durant combien d'heures ont-ils attendu ?
4. Quelle hypothèse Jean-A. formule-t-il pour expliquer que le chien ne vient pas ?
5. Selon toi, dans quel état est la personne qui entre soudain dans la chambre ? Trouve un indice dans le texte (lignes 42-43).
6. Que veulent faire croire les enfants à leur père ?
7. Selon toi, de quoi le père a-t-il parlé avec ses enfants durant le « conseil de guerre » ?
8. Où le père emmène-t-il le chien ?
9. Que dit-il pour apaiser les craintes et les sanglots de Jean-B. ?
10. Quelle conséquence a la décision du père sur Jean-B. ?

Rédaction ▶ Imaginer un récit

Un jour, un jeune garçon trouve un chien devant l'entrée de son immeuble.

Devant l'entrée de son immeuble, un jeune garçon trouve un jour un chien.

Je commence mon récit par une expression pour indiquer le moment ou le lieu de l'histoire.

1. Le garçon emmène le chien jusque chez lui.
2. Il trouve de la nourriture dans les placards.
3. Le cocker mange avec appétit.
4. Les parents rentrent.
5. Le garçon les supplie de garder le chien.
6. Les parents acceptent, le garçon est heureux.

Pour imaginer la suite de mon récit, je fais la liste de mes idées et je reprends les mêmes personnages.

Jean-Souris Épisode 5

Le père des enfants a amené le petit chien à la SPA. Jean-B. est inconsolable.

Un soir, papa est rentré du travail avec un petit paquet qu'il tenait derrière son dos.

– Tenez, il a dit en toussotant. C'est pour vous.

C'était une sorte de boîte à chaussures, avec un couvercle plein de trous retenu par une ficelle.

À l'intérieur, il y avait une adorable souris blanche.

Elle ne devait pas mesurer plus de dix centimètres, avec un museau pointu et une petite queue toute rose. Je l'ai prise dans la main et, aussitôt, elle est allée se blottir dans ma manche, comme si elle venait de m'adopter.

– Pour nous ? j'ai répété sans y croire. Et on peut la garder ?

– Bien sûr, a dit papa. Elle est très propre et elle a tous ses vaccins. Mais attention, ne comptez pas sur moi pour nettoyer sa litière, hein !

On s'est tous jetés dans ses bras.

– Tu me promets que tu ne seras plus triste ? il a dit quand ça a été mon tour.

En quelques minutes, ça a été une joyeuse pagaille : tout le monde voulait toucher la souris et lui trouver un nom.

– Que pensez-vous de Jean-Souris ? a proposé papa. Le marchand a été formel : c'est un mâle. Ça évitera les… euh… problèmes.

Papa est très fort comme médecin.

Quand, une semaine plus tard, Jean-Souris a eu le ventre qui a commencé à s'arrondir bizarrement, il a dit :

– C'est normal : vous lui donnez trop à manger.

Là où il a été bien étonné, c'est quand il a trouvé un matin sur la litière cinq souriceaux presque transparents.

– Je n'y comprends vraiment rien, a dit papa. Le vendeur m'avait pourtant assuré…

Pour loger tout ce petit monde, on a remonté de la cave une vieille cage à oiseaux. Les barreaux étaient trop écartés, alors on l'a mise dans la baignoire pour éviter que les souriceaux ne s'échappent dans tout l'appartement.

Le problème, c'était l'heure du bain : il fallait les rattraper un par un avant de pouvoir entrer dans la baignoire. Le temps d'en cueillir un, l'autre avait déjà filé, glissant sur l'émail comme une bille.

Moi, ça ne me gênait pas parce que je déteste me laver.

Compréhension

1. Que ramène le père un soir en rentrant du travail ?
2. Que fait la souris dès que Jean-B. la prend dans sa main ?
3. Quelles sont les qualités de la souris selon le père ?
4. Pourquoi est-il important, pour le père, que la souris soit un mâle ?
5. Quelle explication donne-t-il quand le ventre de Jean-Souris commence à s'arrondir ?
6. Que peut-on dire de Jean-Souris une fois les cinq souriceaux découverts ?
7. Pourquoi, selon toi, les souriceaux ne peuvent-ils pas s'échapper dans tout l'appartement ?

Lexique ▶ Les noms en -oir, -oire

« … alors on l'a mise dans la **baignoire**. »

objets	lieux
tirer → un tiroir	laver → un lavoir
raser → un rasoir	trotter → un trottoir
arroser → un arrosoir	dormir → un dortoir
baigner → une baignoire	patiner → une patinoire
bouillir → une bouilloire	élaborer → un laboratoire
balancer → une balançoire	observer → un observatoire

Les noms masculins se terminent par **-oir**, sauf : *un territoire, un grimoire, un répertoire, un réfectoire, un conservatoire…*

Sauvé du refuge ! Épisode 6

La souris est une femelle ; elle a eu cinq petits souriceaux. On les a mis dans la baignoire, pour éviter qu'ils ne s'échappent dans tout l'appartement.

C'EST papa qui faisait une drôle de tête. La salle de bains sentait le pipi de souris. Le porte-savon était couvert de crottes minuscules comme des morceaux de Zan. Un jour, il a même retrouvé un souriceau dans la poche de son peignoir.

– Pas question de les garder, a dit maman. C'est contraire à toutes les lois de l'hygiène, surtout avec un bébé à naître. Bientôt ils vont se reproduire entre eux. Je ne laisserai pas votre père transformer cette maison en ménagerie !

Papa, tout penaud, a dû discuter ferme avec le vendeur pour qu'il accepte de reprendre les souriceaux.

Ça ne m'a pas fait la même chose que quand il a rapporté mon Dagobert à la SPA. Une souris, ça n'est pas comme un chien. Au début, on s'amuse avec elle, mais une souris ne peut pas suivre à la trace de dangereux criminels ou retrouver des aventuriers enfouis sous une avalanche.

François Archampaut dit qu'il a dressé sa souris blanche à se faufiler dans des bases secrètes pour y déposer des explosifs, mais la seule qu'il a eue, Sémiramis de la Trouillère l'a mangée toute crue au petit déjeuner.

Il dit qu'il l'avait prise pour un agent double, mais je ne le crois pas.

Un dimanche, on jouait au foot sur la plage quand un chien s'est jeté comme un fou sur le ballon.

Je l'ai reconnu à la tache autour de l'œil qui lui donnait un air de pirate.

Il avait grandi, portait un collier neuf mais c'était…

– Grognard ! a crié Jean-A.

– Milou ! a crié Jean-C.

– Dagobert ! j'ai murmuré.

C'était bien lui. Mon Dagobert, sauvé du refuge de la SPA !

Il avait planté ses crocs dans le ballon et le secouait dans tous les sens, gambadant joyeusement autour de nous et nous arrosant d'une pluie de sable.

Puis son maître l'a sifflé et il est reparti à fond de train, sautant autour de lui et lui faisant fête comme s'ils avaient toujours été de vieux amis.
Il ne m'a pas reconnu, bien sûr. Un après-midi, qu'est-ce que c'est dans la vie d'un chien ?
Mais moi, je savais que je me souviendrais toute ma vie des quelques heures où j'avais eu un chiot à moi.

Jean-Philippe Arrou-Vignod, *L'Omelette au sucre*, © Éditions Gallimard Jeunesse, 1999

Compréhension

1. Pourquoi le père fait-il une drôle de tête ?
2. Pourquoi la mère ne veut-elle pas garder les souris ?
3. En quoi ne veut-elle pas que la maison se transforme ?
4. Que sont devenues les souris ?
5. Pourquoi Jean-B. dit-il qu'une souris, ce n'est pas comme un chien ?
6. Penses-tu que François Archampaut a beaucoup d'imagination ?
7. Selon toi, dans quel paysage habite la famille de Jean-B. ?
8. À quel signe Jean-B. reconnaît-il le chien ?
9. Selon toi, qu'est-ce qui montre qu'il s'était vraiment attaché au chien ?

Rédaction ▶ Construire son texte

Un jour, un jeune garçon trouve un chien devant l'entrée de son immeuble. Ce cocker, noir et blanc, semble tout chétif et abandonné. Le garçon, le cartable sur le dos, s'accroupit et le caresse doucement. Puis il le prend dans ses bras et l'emmène chez lui. Dans la cuisine, il donne au cocker du riz à manger. Celui-ci le dévore avec appétit. Quand les parents rentrent, le garçon les supplie de garder le chien. Comme ils acceptent, l'enfant est très heureux !

Pour construire mon texte, j'utilise des mots pour relier les phrases entre elles et j'évite les répétitions.

Rédaction ▶ Écrire un récit à partir d'images

J'observe

Sur la plage, un caniche court et jette du sable son maître.
Près d'eux, une petite fille consolide les murs de son beau château de sable. Pour calmer son chien, le maître décide de lui faire prendre un bain de mer. Mais à son retour, le chien tout mouillé fonce droit vers la construction et en détruit une grande partie.
La fillette, triste et furieuse, fond en larmes.
Son maître rattrape son chien et lui remet sa laisse.

J'écris ▷ J'écris un texte à partir de ces images de début et de fin.

- Je décris bien les personnages, leur attitude et leurs actions. Je précise le lieu, le moment ou la manière dont l'action se déroule.
- Je commence mon récit avec une expression qui indique le moment ou le lieu de l'histoire.
- J'imagine la suite de mon récit : je liste mes idées.
- Je construis mon texte : je relie les phrases entre elles et j'évite les répétitions.

J'apprends un poème

Jeanne était au pain sec

Jeanne était au pain sec dans le cabinet noir,
Pour un crime quelconque, et, manquant au devoir,
J'allai voir la proscrite[1] en pleine forfaiture[2],
Et lui glissai dans l'ombre un pot de confiture
Contraire aux lois. Tous ceux sur qui, dans ma cité,
Repose le salut de la société,
S'indignèrent, et Jeanne a dit d'une voix douce :
– Je ne toucherai plus mon nez avec mon pouce ;
Je ne me ferai plus griffer par le minet.
Mais on s'est récrié : – Cette enfant vous connaît ;
Elle sait à quel point vous êtes faible et lâche.
Elle vous voit toujours rire quand on se fâche.
Pas de gouvernement possible. À chaque instant
L'ordre est troublé par vous ; le pouvoir se détend ;
Plus de règle. L'enfant n'a plus rien qui l'arrête.
Vous démolissez tout. – Et j'ai baissé la tête,
Et j'ai dit : – Je n'ai rien à répondre à cela,
J'ai tort. Oui, c'est avec ces indulgences-là
Qu'on a toujours conduit les peuples à leur perte.
Qu'on me mette au pain sec. – Vous le méritez, certes,
On vous y mettra. – Jeanne alors, dans son coin noir,
M'a dit tout bas, levant ses yeux si beaux à voir,
Pleins de l'autorité des douces créatures :
– Eh bien, moi, je t'irai porter des confitures.

Victor Hugo, *L'Art d'être grand-père*, 1877

1 **proscrite :** qui est exclue, bannie
2 **forfaiture :** trahison de la parole donnée

Où allons-nous ? Épisode 1

C’ÉTAIENT assurément des comédiens du plus grand talent, que ceux qui composaient la troupe du signor Vitalis – je parle des chiens et du singe –, mais ce talent n’était pas très varié.

Lorsqu’ils avaient donné trois ou quatre représentations, on connaissait tout leur répertoire. Ils ne pouvaient plus que se répéter. Ainsi, il était nécessaire de ne pas rester longtemps dans une même ville. Trois jours après notre arrivée à Ussel, il fallut donc se remettre en route.

Où allions-nous ? Je m’étais assez enhardi avec mon maître pour me permettre cette question.

« Tu connais le pays ? me répondit-il en me regardant.

– Non.

– Alors pourquoi me demandes-tu où nous allons ?

– Pour savoir.

– Savoir quoi ? »

Je restai interloqué, regardant, sans trouver un mot, la route blanche qui s’allongeait devant nous au fond d’un vallon boisé.

« Si je te dis, continua-t-il, que nous allons à Aurillac pour nous diriger ensuite sur Bordeaux et de Bordeaux sur les Pyrénées, qu’est-ce que cela t’apprendra ?

– Mais vous, vous connaissez donc le pays ?

– Je n’y suis jamais venu.

– Et pourtant vous savez où nous allons ? »

Il me regarda encore longuement comme s’il cherchait quelque chose en moi.

« Tu ne sais pas lire, n’est-ce pas ? me dit-il.

– Non.

– Sais-tu ce que c’est qu’un livre ? Dans un livre que je vais te montrer quand nous nous reposerons, nous trouverons les noms et l’histoire des pays que nous traversons. Des hommes qui ont habité ou parcouru ces pays ont mis dans mon livre ce qu’ils avaient vu ou appris. Si bien que je n’ai qu’à ouvrir ce livre et à le lire pour connaître ces pays. Je les vois comme si je les regardais avec mes propres yeux. J’apprends leur histoire comme si on me la racontait.

– C'est difficile de lire ? demandai-je à Vitalis après avoir marché assez longtemps en réfléchissant.

– C'est difficile pour ceux qui ont la tête dure, et plus difficile encore pour ceux qui ont mauvaise volonté. As-tu la tête dure ?

– Je ne sais pas, mais il me semble que, si vous vouliez m'apprendre à lire, je n'aurais pas mauvaise volonté.

– Eh bien, nous verrons. Nous avons du temps devant nous. »

Compréhension

1. Comment la troupe du signor Vitalis est-elle composée ?
2. Pourquoi ne reste-t-elle pas plus de trois jours dans une ville ?
3. Pourquoi le jeune garçon appelle-t-il signor Vitalis son « maître » ?
4. Comment Vitalis peut-il connaître si précisément l'itinéraire alors qu'il n'est jamais venu dans cette région ?
5. Que découvre-t-il lors de sa conversation avec le jeune garçon ?
6. Selon toi, de quel genre de livre Vitalis parle-t-il ?
7. Que répond Vitalis au garçon, qui demande s'il est difficile de lire ?
8. Le jeune garçon souhaite-t-il apprendre à lire ?

Lexique ▶ Les manières de se déplacer à pied

« … après avoir **marché** assez longtemps en réfléchissant. »

se déplacer à pied
- à petits pas → **piétiner** • **marcher** • **trottiner** • **trotter**
- à grands pas → **se hâter** • **presser le pas** • **accélérer** • **se précipiter** • **courir** • **accourir**
- dans une direction → **se diriger** • **s'acheminer** • **atteindre**
- sans but → **errer** • **déambuler** • **vagabonder**
- pour le plaisir → **se promener** • **randonner** • **flâner**
- à travers → **traverser** • **parcourir** • **arpenter** • **sillonner**

Sans famille

Des petits morceaux de bois Épisode 2

Vitalis découvre que Rémi, le jeune garçon qui l'accompagne, ne sait pas lire. Ce dernier aimerait bien apprendre.

LE LENDEMAIN, comme nous cheminions, je vis mon maître se baisser et ramasser sur la route un bout de planche à moitié recouvert par la poussière.

« Voilà le livre dans lequel tu vas apprendre à lire », me dit-il.
Un livre, cette planche ! Je le regardai pour voir s'il ne se moquait pas de moi. Puis, comme je le trouvai sérieux, je regardai attentivement sa trouvaille.
Comment lire sur cette planche, et quoi lire ?
« Ton esprit travaille, me dit Vitalis en riant.
– Vous voulez vous moquer de moi ?
– Jamais, mon garçon. La moquerie peut être utile pour changer un mauvais caractère, mais il est stupide de l'employer face à quelqu'un d'ignorant. Attends que nous soyons arrivés à ce bouquet d'arbres qui est là-bas. Nous nous y reposerons, et tu verras comment je peux t'enseigner la lecture avec ce morceau de bois. »

Nous arrivâmes rapidement à ce bouquet d'arbres et, nos sacs mis à terre, nous nous assîmes sur le gazon, qui commençait à reverdir et dans lequel des pâquerettes se montraient çà et là. Alors Vitalis, tirant son couteau de sa poche, essaya de détacher de la planche une petite lame de bois aussi mince que possible. Ayant réussi, il polit cette lame sur ses deux faces, dans toute sa longueur. Puis, cela fait, il la coupa en petits carrés, de sorte qu'elle lui donna une douzaine de petits morceaux plats d'égale grandeur.

« Sur chacun de ces petits morceaux de bois, me dit-il, je creuserai demain, avec la pointe de mon couteau, une lettre de l'alphabet.
Tu apprendras ainsi la forme des lettres. Quand tu les sauras bien sans te tromper, de manière à les reconnaître rapidement à première vue, tu les réuniras les unes au bout des autres de manière à former des mots. Quand tu pourras ainsi former les mots que je te dirai, tu seras en état de lire dans un livre. »

Compréhension

1. Dans quel livre le garçon va-t-il apprendre à lire ?
2. Qu'a déjà compris le garçon quand il demande à son maître ce qu'il doit lire sur cette planche ?
3. Est-ce que le rire de Vitalis est un rire moqueur ?
4. Pourquoi Vitalis ne se moquera-t-il jamais de Rémi ?
5. Que fait Vitalis une fois qu'ils sont arrivés au bouquet d'arbres et se sont assis sur le gazon ?
6. Que va-t-il faire avec les douze carrés de bois ?
7. Que devra savoir Rémi avant de réunir les lettres pour former des mots ?

Rédaction ▶ Remplacer marcher par un terme précis

Rémi
- **marche** dans les bois.
  → **se promène** dans les bois.
- **marche** rapidement vers lui.
  → **se précipite** vers lui.
- **marche** à petits pas à ses côtés.
  → **trotte** à ses côtés.
- **marche** dans toute la région.
  → **parcourt** toute la région.
- **marche** vers Bordeaux.
  → **se dirige** vers Bordeaux.
- **marche** devant les vitrines.
  → **flâne** devant les vitrines.
- **marche** sans but dans le village.
  → **erre** dans le village.

Je **remplace** le verbe marcher par un synonyme qui convient.

Les deux camarades de classe Épisode 3

Vitalis a taillé des petits morceaux de bois. Il va graver les lettres dessus et, grâce à cet alphabet, il apprendra la lecture à Rémi.

BIENTÔT j'eus mes poches pleines d'une collection de petits morceaux de bois, et je ne tardai pas à connaître les lettres de l'alphabet. Mais, pour savoir lire, ce fut une autre affaire ! Les choses n'allèrent pas si vite. Il arriva même un moment où je regrettai d'avoir voulu apprendre à lire.

Je dois dire cependant, pour être juste envers moi-même, que ce ne fut pas la paresse qui m'inspira ce regret. Ce fut l'amour-propre. En m'apprenant les lettres de l'alphabet, Vitalis avait pensé qu'il pourrait les apprendre en même temps à Capi. Puisque le chien avait bien su se mettre les chiffres des heures dans la tête, pourquoi ne s'y mettrait-il pas les lettres ? Et nous avions pris nos leçons en commun. J'étais devenu le camarade de classe de Capi, ou le chien était devenu le mien, comme on voudra. Bien entendu Capi ne devait pas appeler les lettres qu'il voyait, puisqu'il n'avait pas la parole. Mais, lorsque nos morceaux de bois étaient étalés sur l'herbe, il devait avec sa patte tirer les lettres que notre maître nommait.

Tout d'abord, j'avais fait des progrès plus rapides que lui. Mais, si j'avais l'intelligence plus prompte, il avait par contre la mémoire plus sûre : une chose bien apprise était, pour lui, une chose sue pour toujours. Il ne l'oubliait plus, et, comme il n'avait pas de distractions, il n'hésitait ou ne se trompait jamais.

Alors, quand je me trouvais en faute, notre maître ne manquait jamais de dire : « Capi saura lire avant Rémi. »

Et le chien, comprenant sans doute, remuait la queue d'un air de triomphe.

« Plus bête qu'une bête, c'est bon dans la comédie, disait encore Vitalis, mais dans la réalité c'est honteux. »

Cela me piqua si bien, que je m'appliquai de tout cœur, et, tandis que le pauvre chien en restait à écrire son nom, en triant les quatre lettres qui le composent parmi toutes les lettres de l'alphabet, j'arrivai enfin à lire dans un livre.

Compréhension

1. Que transporte le jeune garçon dans ses poches ?
2. Le garçon est-il le seul élève de Vitalis ?
3. Pourquoi Vitalis a-t-il l'idée d'apprendre les lettres aussi à Capi ?
4. Est-ce que Capi donne les réponses de la même manière que Rémi ?
5. Quelle différence y a-t-il entre les manières d'apprendre du garçon et du chien ?
6. Que dit Vitalis quand le garçon se trompe ?
7. Penses-tu que Capi remue la queue parce qu'il a réellement compris ce qu'a dit Vitalis ?
8. Comment réagit Rémi aux paroles de son maître ?

Lexique ▶ Les expressions avec le mot cœur

« … je m'appliquai de tout **cœur**. »

- mettre du **cœur** à l'ouvrage • s'en donner à **cœur** joie → faire avec plaisir
- par **cœur** → faire de mémoire
- avoir le **cœur** sur la main → être généreux
- parler à **cœur** ouvert • vider son **cœur** → s'exprimer avec sincérité
- prendre à **cœur** → se consacrer avec force et détermination
- avoir un **cœur** d'artichaut → tomber facilement amoureux
- avoir un **cœur** de pierre → être insensible
- avoir le **cœur** lourd → être malheureux
- serrer le **cœur** • briser le **cœur** → rendre malheureux
- en avoir le **cœur** net → vérifier pour ne plus douter

L'arrivée en ville Épisode 4

Dans un premier temps, le chien Capi apprend mieux les lettres que Rémi. Ce dernier, piqué dans son amour-propre, redouble d'efforts et arrive enfin à lire.

NOUS avions parcouru une partie du Midi de la France : l'Auvergne, le Velay, le Vivarais, le Quercy, le Rouergue, les Cévennes, le Languedoc. Notre façon de voyager était des plus simples : nous allions droit devant nous, au hasard, et, quand nous trouvions un village qui de loin ne nous paraissait pas trop misérable, nous nous préparions pour faire une entrée triomphale.

[…] La troupe en grande tenue, Vitalis prenait son fifre, et, nous mettant en bel ordre, nous défilions dans les rues. Si le nombre des curieux que nous entraînions derrière nous était suffisant, nous donnions une représentation. Si, au contraire, il était trop faible pour faire espérer une recette, nous continuions notre marche. Dans les villes seulement, nous restions plusieurs jours, et alors, le matin, j'avais la liberté d'aller me promener où je voulais. Je prenais Capi avec moi – Capi, simple chien, bien entendu, sans son costume de théâtre – et nous flânions par les rues.

Vitalis, qui d'ordinaire me tenait étroitement près de lui, me mettait volontiers la bride sur le cou. « Puisque le hasard, me disait-il, te fait parcourir la France à un âge où les enfants sont généralement à l'école ou au collège, ouvre les yeux, regarde et apprends. Quand tu seras embarrassé, quand tu verras quelque chose que tu ne comprendras pas, si tu as des questions à me faire, adresse-les-moi sans peur. Peut-être ne pourrai-je pas toujours te répondre, car je n'ai pas la prétention de tout connaître. Mais peut-être aussi me sera-t-il possible de satisfaire parfois ta curiosité. […] Écoute mes leçons, écoute mes conseils, enfant. Plus tard, quand tu seras grand, tu penseras, je l'espère, avec émotion, avec reconnaissance, au pauvre musicien qui t'a fait si grande peur quand il t'a enlevé à ta mère nourrice. J'ai dans l'idée que notre rencontre te sera heureuse. »

Compréhension

1. Quand Vitalis et sa troupe décident-ils de rentrer dans un village ?
2. Au son de quel instrument la troupe défile-t-elle dans le village ?
3. À quelle condition la troupe donne-t-elle une représentation ?
4. Selon toi, comment Vitalis prépare-t-il son chien Capi pour la parade ?
5. Que peut faire Rémi le matin quand la troupe séjourne dans une ville ?
6. Que fait Rémi au lieu d'être à l'école ou au collège ?
7. Quels conseils Vitalis donne-t-il à Rémi ?
8. À ton avis, pourquoi Vitalis dit-il à Rémi : « J'ai dans l'idée que notre rencontre te sera heureuse » ?

Rédaction ▶ Employer des expressions avec cœur

Rémi
- apprend cette mauvaise nouvelle qui lui **brise le cœur**.
- vérifie l'itinéraire : il veut **en avoir le cœur net**.
- **prend à cœur** chaque remarque de Vitalis.
- apprend **par cœur** la forme des lettres.
- apprend bien l'alphabet, il **met du cœur à l'ouvrage**.
- **vide son cœur** et confie ses regrets à Vitalis.
- **a le cœur lourd** quand Vitalis le compare au chien Capi.
- aime apprendre à lire et **s'en donne à cœur joie** !
- donne deux pièces à un mendiant car il **a le cœur sur la main**.

J'écris une phrase qui aide à comprendre le sens d'une expression imagée.

Dans les causses du Quercy Épisode 5

Lorsque la troupe s'arrête en ville, Vitalis encourage Rémi à se promener partout, à observer et à s'interroger, puisqu'il ne peut pas aller à l'école pour apprendre.

APRÈS avoir quitté les montagnes de l'Auvergne, nous étions arrivés dans les causses du Quercy. On appelle ainsi de grandes plaines inégalement ondulées, où l'on ne rencontre guère que des terrains incultes et de maigres taillis. Aucun pays n'est plus triste, plus pauvre.

Au milieu de cette plaine, brûlée par la sécheresse au moment où nous la traversâmes, se trouve un gros village qui a nom la Bastide-Murat. Nous y passâmes la nuit dans la grange d'une auberge.

« C'est ici, me dit Vitalis en causant le soir avant de nous coucher. C'est ici, dans ce pays, et probablement dans cette auberge, qu'est né un homme qui a fait tuer des milliers de soldats et qui, ayant commencé la vie par être garçon d'écurie, est devenu prince et roi. Il s'appelait Murat. On en a fait un héros et l'on a donné son nom à ce village. Je l'ai connu, et bien souvent je me suis entretenu avec lui. »

Malgré moi une interruption m'échappa.

« Quand il était garçon d'écurie ?

– Non, répondit Vitalis en riant, quand il était roi. C'est la première fois que je viens à la Bastide, et c'est à Naples que je l'ai connu, au milieu de sa cour.

– Vous avez connu un roi ! »

Il est à croire que le ton de mon exclamation fut fort drôle, car le rire de mon maître éclata de nouveau et se prolongea longtemps.

« Veux-tu dormir ? me demanda Vitalis, ou bien veux-tu que je te conte l'histoire du roi Murat ?

– Oh ! l'histoire du roi, je vous en prie. »

Alors il me raconta tout au long cette histoire et, pendant plusieurs heures, nous restâmes sur notre banc ; lui, parlant, moi, les yeux attachés sur son visage, que la lune éclairait de sa pâle lumière. Eh quoi, tout cela était possible ? Non seulement possible, mais encore vrai !

Mon maître avait vu tant de choses ! Qu'était donc mon maître, au temps de sa jeunesse ? Et comment était-il devenu ce que je le voyais au temps de sa vieillesse ? Il y avait là, on en conviendra, de quoi faire travailler une imagination enfantine, éveillée, alerte et curieuse de merveilleux.

Compréhension

1. Est-ce que les causses sont fertiles pour l'agriculture ?
2. Relis les lignes 7 à 10 et trouve des indices qui indiquent que ce texte a été écrit à une époque éloignée.
3. À quel indice vois-tu que Murat a été un personnage important de l'histoire de France ?
4. Peux-tu déduire de quel royaume Murat a été le roi ?
5. À ton avis, pourquoi Rémi interrompt-il le récit de Vitalis ?
6. À quel indice vois-tu que Rémi suit très attentivement le récit.
7. Quelles questions Rémi se pose-t-il au sujet de son maître ?

Lexique ▶ Les homonymes

« Veux-tu que je te **conte** l'histoire du roi Murat ? »

- Je te **conte** l'histoire. → raconter
- Je **compte** sur mes doigts. → calculer
- Je me rends chez le **comte**. → un noble

« Mon **maître** avait vu tant de choses. »

- Je demande de l'aide à mon **maître**. → mon professeur
- La table mesure un **mètre**. → cent centimètres
- Je vais **mettre** ma trousse sur le bureau. → poser

Les **homonymes** sont des mots qui se prononcent de la même façon mais n'ont pas le même sens.
Ils s'écrivent de façon différente ou identique.

En passant par Bordeaux Épisode 6

Émerveillé, Rémi découvre que son maître Vitalis a connu un roi lorsqu'il était jeune.

EN QUITTANT le sol desséché des causses et des garrigues, je me trouve, par le souvenir, dans une vallée toujours fraîche et verte, celle de la Dordogne.

[…] Longtemps nous avions marché sur une route poudreuse. Tout à coup nos regards, jusque-là enfermés dans un chemin que bordaient des vignes, s'étendirent librement sur un espace immense, comme si un rideau, touché par une baguette magique, s'était subitement abaissé devant nous. Une large rivière s'arrondissait doucement autour de la colline sur laquelle nous venions d'arriver. Au-delà de cette rivière, les toits et les clochers d'une grande ville s'éparpillaient jusqu'à la courbe indécise de l'horizon.

Que de maisons ! que de cheminées ! Sur la rivière, au milieu de son cours et le long d'une ligne de quais, se tassaient de nombreux navires. Comme les arbres d'une forêt, ils emmêlaient les uns dans les autres leurs mâtures, leurs cordages, leurs voiles, leurs drapeaux multicolores, qui flottaient au vent. « C'est Bordeaux », me dit Vitalis.

Pour un enfant élevé comme moi, qui n'avait vu jusque-là que les pauvres villages de la Creuse, ou les quelques petites villes que le hasard de la route nous avait fait rencontrer, c'était féerique.

« C'est l'heure de la marée, me dit Vitalis, répondant, sans que je l'eusse interrogé, à mon étonnement. Il y a des navires qui arrivent de la pleine mer, après de longs voyages. Ce sont ceux dont la peinture est salie et qui sont comme rouillés. Il y en a d'autres qui quittent le port : ceux que tu vois, au milieu de la rivière, tourner sur eux-mêmes sur leurs ancres de manière à présenter leur proue au flot montant. Ceux qui courent enveloppés dans des nuages de fumée sont des remorqueurs. »

Que de mots étranges pour moi ! Que d'idées nouvelles !

[…] Nous avons quitté Bordeaux. Après avoir tout d'abord suivi les bords de la Garonne, nous avons abandonné la rivière à Langon et nous avons pris la route de Mont-de-Marsan, qui s'enfonce à travers les terres.

Plus de vignes, plus de prairies, plus de vergers, mais des bois de pins et des bruyères.

« Nous voici dans les Landes, dit Vitalis. Nous avons vingt ou vingt-cinq lieues à faire au milieu de ce désert. Mets ton courage dans tes jambes. » C'était non seulement dans les jambes qu'il fallait le mettre, mais dans la tête et le cœur, car, à marcher sur cette route qui semblait ne devoir finir jamais, on se sentait envahi par une insurmontable tristesse.

Compréhension

1. Par quoi le chemin sur lequel marche la troupe est-il bordé ?
2. Que se passe-t-il tout à coup ?
3. Dans quelle ville la troupe arrive-t-elle ?
4. Quelle énergie fait avancer les navires à l'époque ?
5. À ton avis, pourquoi des navires peuvent-ils arriver de la mer jusqu'à Bordeaux ?
6. Pour quelle raison les navires quittant le port doivent-ils présenter leur proue au flot montant ?
7. À ton avis, pourquoi les remorqueurs sont-ils enveloppés de fumée ?
8. Sachant qu'une lieue mesure environ cinq kilomètres, peux-tu calculer la distance du chemin que doit parcourir Rémi ?

Rédaction ▶ Employer des expressions avec tête

Rémi
- ne change pas d'avis facilement car il a **la tête dure**.
- ne se laisse pas faire et **tient tête**.
- a plein de choses à faire et ne sait où **donner de la tête**.
- **en a par-dessus la tête** et il veut tout arrêter.
- ne sait pas ce qu'il fait car il **perd la tête**.
- reste calme et **garde la tête froide** malgré les difficultés.
- ne fait pas n'importe quoi car il a la **tête sur les épaules**.

J'écris une phrase qui aide à comprendre le sens d'une expression imagée.

Une ombre dans la nuit Épisode 7

La troupe de Vitalis quitte Bordeaux et reprend la route à travers les Landes.

L'ESPÉRANCE d'arriver bientôt nous avait fait hâter le pas, et mon maître lui-même, malgré son habitude des longues marches, se sentait fatigué. Il voulut s'arrêter et se reposer un moment sur le bord de la route. Mais, au lieu de m'asseoir près de lui, je voulus gravir un petit monticule planté de genêts qui se trouvait à une courte distance du chemin, pour voir si de là je n'apercevrais pas quelque lumière dans la plaine. J'appelai Capi pour qu'il vînt avec moi. Mais Capi, lui aussi, était fatigué, et il avait fait la sourde oreille, ce qui était sa tactique habituelle avec moi lorsqu'il ne lui plaisait pas de m'obéir.

« As-tu peur ? » demanda Vitalis.

Ce mot me décida à ne pas insister, et je partis seul pour mon exploration. Je voulais d'autant moins m'exposer aux plaisanteries de mon maître que je ne me sentais pas la moindre frayeur.

Cependant la nuit était venue, sans lune, mais avec des étoiles scintillantes, qui éclairaient le ciel et versaient leur lumière dans l'air chargé de légères vapeurs, que le regard traversait.

Tout en marchant et en jetant les yeux à droite et à gauche, je remarquai que ce crépuscule vaporeux donnait aux choses des formes étranges. [...] De loin ces buissons, ces genêts et ces arbres ressemblaient à des êtres vivants appartenant à un monde fantastique.

Cependant je ne tardai pas à atteindre le sommet de ce petit tertre. Mais j'eus beau ouvrir les yeux, je n'aperçus pas la moindre lumière. Après être resté un moment l'oreille tendue, ne respirant pas pour mieux entendre, un frisson me fit tressaillir. Le silence de la lande m'avait effaré ; j'avais peur. De quoi ? Je n'en savais rien. Du silence sans doute, de la solitude et de la nuit. En tout cas, je me sentais comme sous le coup d'un danger.

À ce moment même, regardant autour de moi avec angoisse, j'aperçus au loin une grande ombre se mouvoir rapidement au-dessus des genêts, et en même temps j'entendis comme un bruissement de branches qu'on frôlait.

Quelqu'un ? Mais non, ce ne pouvait pas être un homme, ce grand corps noir qui venait sur moi. [...] Ce qu'il y avait de certain, c'est que cette bête, montée sur des jambes d'une longueur démesurée, s'avançait de mon côté par des bonds précipités.

Assurément elle m'avait vu, et c'était sur moi qu'elle accourait.

Cette pensée me fit retrouver mes jambes, et, tournant sur moi-même, je me précipitai dans la descente pour rejoindre Vitalis. Mais, si vite que j'allasse, la bête allait encore plus vite que moi. Je n'avais plus besoin de me retourner ; je la sentais sur mon dos.

Compréhension

1. Qu'est-ce qui fait hâter le pas de Vitalis et de Rémi ?
2. Que veut faire Rémi au lieu de s'asseoir à côté de son maître sur le bord de la route ?
3. Quelle tactique Capi utilise-t-il pour ne pas accompagner Rémi ?
4. Qu'est-ce qui décide Rémi à partir seul escalader le monticule ?
5. Quelle est la seule source de lumière éclairant la nuit ?
6. Selon Rémi, à quoi ressemblent les buissons, les genêts et les arbres ?
7. Que voit et qu'entend Rémi quand, angoissé, il regarde autour de lui ?
8. Selon toi, de quelle bête peut-il s'agir ?

Lexique ▶ Le mot-clé briller

« … mais avec des étoiles qui **brillaient** dans le ciel. »

BRILLER	
noms	lune • lumière • étoile • caillou • diamant • sol • chaussure • robe • visage • sportif • élève • artiste
synonymes	scintiller • étinceler • luire • éblouir • resplendir
antonymes	assombrir • éteindre • disparaître • obscurcir • pâlir
famille de mots	brillant • brillance • brillamment
expressions	briller de mille feux • briller par son absence
un mot, plusieurs sens	1 produire une lumière vive 2 renvoyer, réfléchir la lumière 3 reluire 4 manifester une émotion 5 réussir, exceller

Sans famille

La bête Épisode 8

Tandis que Rémi s'est un peu éloigné du reste de la troupe dans la nuit, il voit soudain une ombre étrange se diriger vers lui. Effrayé, il rejoint Vitalis en courant.

JE NE RESPIRAIS PLUS, étouffé que j'étais par l'angoisse et par ma course folle. Je fis cependant un dernier effort et vins tomber aux pieds de mon maître, tandis que les trois chiens, qui s'étaient brusquement levés, aboyaient à pleine voix.

Je ne pus dire que deux mots, que je répétai machinalement :

« La bête, la bête.

– La bête, c'est toujours toi, disait-il en riant. Regarde donc un peu, si tu l'oses. »

Son rire, plus encore que ses paroles, m'avait rappelé à la raison. J'osai ouvrir les yeux et suivre la direction de sa main.

L'apparition qui m'avait affolé s'était arrêtée ; elle se tenait immobile sur la route. Je m'enhardis et je fixai sur elle des yeux plus fermes.

Était-ce une bête ? Était-ce un homme ?

De l'homme, elle avait le corps, la tête et les bras. De la bête, une peau velue, qui la couvrait entièrement, et deux longues pattes maigres de cinq ou six pieds de haut sur lesquelles elle restait posée. Je serais probablement resté longtemps indécis à tourner et retourner ma question, si mon maître n'avait adressé la parole à mon apparition.

« Pourriez-vous me dire si nous sommes éloignés d'un village ? » demanda-t-il.

C'était donc un homme, puisqu'on lui parlait ?

Mais pour toute réponse je n'entendis qu'un rire sec semblable au cri d'un oiseau.

C'était donc un animal ?

Quel ne fut pas mon étonnement lorsque cet animal dit qu'il n'y avait pas de maisons aux environs, mais seulement une bergerie, où il nous proposa de nous conduire !

Puisqu'il parlait, comment avait-il des pattes ?

« Vois-tu maintenant ce qui t'a fait si grande peur ? me demanda Vitalis en marchant.

– Oui, mais je ne sais pas ce que c'est. Il y a donc des géants dans ce pays-ci ?

– Oui, quand ils sont montés sur des échasses. »

Et il m'expliqua comment les Landais, pour traverser leurs terres sablonneuses ou marécageuses et ne pas s'enfoncer dedans jusqu'aux hanches, se servaient de deux longs bâtons garnis d'un étrier, auxquels ils attachaient leurs pieds. « Et voilà comment ils deviennent des géants avec des bottes de sept lieues pour les enfants peureux. »

Hector Malot, *Sans famille*, 1878

Compréhension

1. Qu'est-ce qui coupe la respiration de Rémi ?
2. Combien de chiens accompagnent Capi dans la troupe du signor Vitalis ?
3. Que veut dire Vitalis quand il dit, en riant, à Rémi : « La bête, c'est toujours toi » ?
4. S'il s'agit d'un homme, que pourrait être cette peau velue qui le couvre entièrement ?
5. Qu'est-ce qui finit par décider Rémi qu'il ne s'agit pas d'un animal ?
6. Qui sont finalement les géants dont parle Rémi ?
7. Pour quelles raisons les bergers landais utilisent-ils des échasses ?

Rédaction ▶ Employer un mot au sens propre et au sens figuré

- Rémi observe les étoiles qui **brillent** (sens propre) dans le ciel.
- Les joueurs de cette équipe **brillent** (sens figuré) par leur façon de jouer.

J'écris une phrase où le mot est utilisé dans son sens le plus courant, une autre dans son sens imagé.

Rédaction ▶ Écrire à partir du mot briller

J'observe

▷ **J'emploie le mot briller au sens propre.**

Lors d'une promenade avec ses parents, Romain emprunte des petits sentiers humides et boueux. Arrivé à la maison, le garçon n'arrive plus à distinguer la couleur de ses chaussures en cuir. Alors, il les frotte et les nettoie bien à l'éponge. Après le séchage, il applique du cirage à l'aide d'un chiffon. Maintenant, ses chaussures **brillent** comme si elles étaient neuves ! Il est vraiment fier de lui.

▷ **J'emploie le mot briller au sens figuré.**

Le chanteur entre sur scène, accompagné de ses choristes et de ses musiciens. Dès les premières notes, les spectateurs se laissent porter et bercer par sa voix envoûtante. L'artiste **brille** par son talent d'interprète. Le public conquis l'applaudit à chaudes mains !

J'écris

▷ **Je réécris ce texte en ajoutant une phrase avec briller au sens propre.**

Dans le salon, c'est l'effervescence ! Rose et Paolo ouvrent les boîtes pour décorer le sapin de Noël : étoiles, boules et guirlandes colorées… Tour à tour, ils placent ces décorations sur le sapin, puis l'entourent d'une guirlande lumineuse. Les enfants sont émerveillés !

▷ **Je réécris ce texte en ajoutant une phrase avec briller au sens figuré.**

Lorsque la maîtresse demande aux élèves volontaires de se manifester, Manon est la première à lever la main ! Elle se place devant le tableau, puis commence à interpréter sa poésie. Elle met beaucoup d'intonation, nous amuse par ses grands gestes, mais nous l'écoutons avec beaucoup d'attention.

J'apprends un poème

Souvenirs

Voyez partir l'hirondelle,
Elle fuit à tire d'aile,
Mais revient toujours fidèle,
À son nid,
Sitôt que des hivers le grand froid est fini.
L'homme, au gré de son envie,
Errant promène sa vie
Par le souvenir suivie
De ces lieux
Où sourit son enfance, où dorment ses aïeux[1].
Et puis, quand il sent que l'âge
A glacé son grand courage,
Il les regrette et, plus sage,
Vient chercher
Un tranquille bonheur près de son vieux clocher.

Guy de Maupassant, *Poésies diverses*, 1869

1 **ses aïeux :** ses ancêtres

La présentation des petits Épisode 1

Mogwli, un petit d'homme abandonné dans la jungle, est recueilli par la panthère Bagheera. Elle confie le bébé à un couple de loups du clan de Seeonee qui l'accueille comme un de ses louveteaux.

La Loi de la jungle établit très clairement que chaque loup peut, lorsqu'il se marie, se retirer du clan auquel il appartient. Mais, aussitôt ses petits assez âgés pour se tenir sur leurs pattes, il doit les amener au Conseil du clan. Celui-ci se réunit généralement une fois par mois à la pleine lune, afin que les autres loups puissent reconnaître leur identité. Après cet examen, les petits sont libres de courir où il leur plaît. Dès lors, et ce jusqu'à ce qu'ils aient tué leur premier daim, il n'y a pas d'excuse valable pour les loups adultes qui tueraient l'un des louveteaux. Si l'un d'eux s'en prenait à un petit, son châtiment serait la mort.

Père Loup attendit jusqu'à ce que ses petits pussent courir un peu, et alors, la nuit de l'assemblée, il les emmena avec Mowgli et Mère Louve au rocher du Conseil – un sommet de colline couvert de pierres et de galets, où une centaine de loups pouvaient s'isoler.

Akela, le grand loup gris solitaire, que sa vigueur et sa finesse avaient mis à la tête du clan, était étendu de toute sa longueur sur sa pierre. Un peu au-dessous de lui étaient assis plus de quarante loups de toutes tailles et de toutes robes : des vétérans, couleur de blaireau, qui pouvaient, à eux seuls, se tirer d'affaire avec un daim, jusqu'aux jeunes loups noirs de trois ans, qui s'en croyaient capables. Le solitaire était à leur tête depuis un an maintenant. Au temps de sa jeunesse, il était tombé deux fois dans un piège à loup, et une autre fois il avait été assommé et laissé pour mort : aussi connaissait-il les us et coutumes des hommes.

On causait fort peu sur la roche. Les petits se culbutaient l'un l'autre au centre du cercle où siégeaient leurs mères et leurs pères, et, de temps en temps, un loup plus âgé se dirigeait tranquillement vers un petit, le regardait avec attention, et regagnait sa place à pas silencieux. Parfois une mère poussait son petit en plein clair de lune pour être sûre qu'il n'avait point passé inaperçu.

Akela, de son côté, criait : « Vous connaissez la Loi, vous connaissez la Loi. Regardez bien, ô loups ! »

Et les mères reprenaient le cri : « Regardez, regardez bien, ô loups ! »

Compréhension

1. À quel moment un loup peut-il quitter le clan auquel il appartient ?
2. Que doit faire un couple de loups quand ses petits peuvent se tenir sur leurs pattes ?
3. Que peuvent faire les jeunes loups une fois qu'ils ont été présentés au Conseil du clan ?
4. Quel châtiment attend celui qui tuerait un jeune loup avant que ce dernier ait tué un daim ?
5. À ton avis, que devient le jeune loup une fois qu'il a réussi à tuer un daim ?
6. Qui Père Loup emmène-t-il au Conseil du clan ?
7. Qui dirige le clan des loups ?
8. Pourquoi Akela connaît-il les us et coutumes des hommes ?
9. Que crie Akela ?

Lexique ▶ La famille du mot loi

« Vous connaissez la **Loi**. »

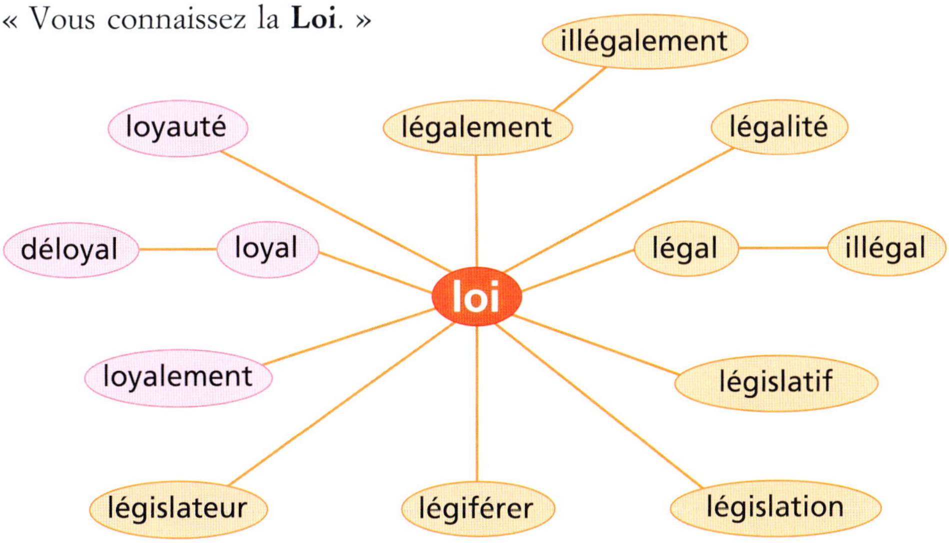

Le mot **loi** a pour origine latine ***lex*** et ***legis***.

Le petit d'homme Épisode 2

Chez les loups, lorsque les petits ont assez grandi pour tenir sur leurs pattes, leurs parents les présentent au Conseil du clan et à son chef, Akela.

À LA FIN du Conseil, Mère Louve sentit se hérisser les poils de son cou. Père Loup poussa « Mowgli la Grenouille », comme on l'appelait, au milieu du cercle. Celui-ci resta par terre à rire et à jouer avec les cailloux qui scintillaient dans le clair de lune. Akela ne leva pas la tête d'entre ses pattes mais continua son cri monotone :

– Regardez bien, regardez bien, ô loups !…

Un rugissement sourd partit de derrière les rochers – c'était la voix de Shere Khan, le tigre :

– Le petit est mien. Donnez-le-moi. Le Peuple Libre, qu'a-t-il à faire d'un petit d'homme ?

Akela ne remua même pas les oreilles ; il dit simplement :

– Regardez bien, ô loups ! Le Peuple Libre, qu'a-t-il à faire des ordres de quiconque, hormis ceux du Peuple Libre ?… Regardez bien !

Il y eut un chœur de sourds grognements, et un jeune loup de quatre ans, tourné vers Akela, répéta la question de Shere Khan :

– Le Peuple Libre, qu'a-t-il à faire d'un petit d'homme ?

Or, en cas de dispute sur les droits d'un petit à appartenir au clan, la Loi de la jungle exige que deux membres au moins, qui ne soient ni son père ni sa mère, prennent la parole en sa faveur.

– Qui parle pour ce petit ? dit Akela. Du Peuple Libre, qui parle ?

Il n'y eut pas de réponse, et Mère Louve s'apprêtait pour ce qui serait son dernier combat, elle le savait bien, s'il fallait en venir à combattre. Alors, le seul étranger qui soit admis au Conseil du clan – Baloo, l'ours brun endormi, qui enseigne aux petits la Loi de la jungle, le vieux Baloo, qui peut aller et venir partout où il lui plaît, parce qu'il mange uniquement des noix, des racines et du miel – se leva sur son séant et grogna :

– Le petit d'homme… le petit d'homme ?… dit-il. C'est moi qui parle pour le petit d'homme. Il n'y a pas de mal dans un petit d'homme.

Je n'ai pas le droit à la parole, mais je dis la vérité. Laissez-le courir avec le clan, et qu'on l'enrôle parmi les autres jeunes loups. C'est moi-même qui lui donnerai des leçons.
– Nous avons encore besoin de quelqu'un d'autre, dit Akela. Baloo a parlé, et c'est lui qui enseigne nos petits. Qui parle avec Baloo ?

Compréhension

1. Que fait Père loup ?
2. Que fait Mowgli quand il est dans le cercle ?
3. Que demande le tigre Shere Khan aux loups ?
4. Comment Akela réagit-il à la demande de Shere Khan ?
5. Qui repose la question de Shere Khan ?
6. En cas de dispute pour l'acceptation d'un petit, qu'exige la Loi de la jungle ?
7. Selon toi, pourquoi Mère Louve se prépare-t-elle à combattre ?
8. Qui parle finalement en faveur de Mowgli ? Que dit-il ?

Rédaction ▶ Éviter les répétitions des noms de personnages

Akela le solitaire est étendu sur une pierre, avec une quarantaine de loups au-dessous de lui. Le chef du clan leur demande de reconnaître les louveteaux. Il rappelle la loi : pour tout membre du Peuple Libre qui s'aventure à tuer l'un de ces petits, celui-ci subira la mort comme châtiment. Ainsi, les loups de Seeonee observent attentivement les jeunes loups.

Pour éviter les répétitions d'un personnage dans un récit, je les désigne différemment en utilisant **un substitut** (**pronom**, **synonyme**, **expression**) qui convient.

Bagheera parle Épisode 3

Les loups hésitent à garder Mowgli parmi eux et Shere Khan, le tigre, le réclame pour lui. Mais Baloo intervient en la faveur du petit d'homme.

UNE OMBRE tomba au milieu du cercle. C'était Bagheera, la panthère noire. Sa robe est tout entière noire comme l'encre, mais les marques de la panthère y affleurent, sous certains jours, comme font les reflets de la moire. Chacun connaissait Bagheera, et personne ne se souciait d'aller à l'encontre de ses desseins, car elle était aussi rusée que Tabaqui, aussi hardie que le buffle sauvage, et aussi intrépide que l'éléphant blessé. Mais sa voix était plus suave que le miel sauvage, qui tombe goutte à goutte des arbres, et sa peau plus douce que le duvet.

– Ô Akela, et vous, Peuple Libre, ronronna-t-elle, je n'ai nul droit dans votre assemblée. Mais la Loi de la jungle dit que, s'il s'élève un doute, dans une affaire où il ne soit pas question de meurtre, à propos d'un nouveau petit, sa vie peut être rachetée moyennant un prix. Et la Loi ne dit pas qui a droit ou non de payer ce prix. Ai-je raison ?

– Très bien ! très bien ! firent les jeunes loups, qui ont toujours faim. Écoutons Bagheera. Le petit peut être racheté. C'est la Loi.

– Sachant que je n'ai nul droit de parler ici, je demande votre permission, reprit Bagheera.

– Parle donc, crièrent vingt loups.

– Tuer un petit nu est une honte. En outre, il pourra nous aider à chasser mieux quand il sera d'âge. Baloo a parlé en sa faveur. Maintenant, aux paroles de Baloo, j'ajouterai l'offre d'un taureau bien gras, fraîchement tué à un demi-mille d'ici à peine, si vous acceptez le petit d'homme conformément à la Loi. Y a-t-il une difficulté ?

Il s'éleva une clameur de voix mêlées :

– Qu'importe ? Il mourra sous les pluies de l'hiver ; il sera grillé par le soleil… Quel mal peut nous faire une grenouille nue ?… Qu'il coure avec le clan !… Où est le taureau ?

Puis, les loups, parlant d'une même voix : « Nous acceptons. »

Shere Khan poussa un long rugissement de dépit.

Et alors revint l'aboiement profond d'Akela :

– Regardez bien… regardez bien, ô loups !

Compréhension

1. Quelle est l'ombre qui surgit au milieu du cercle ?
2. Peux-tu décrire la panthère Bagheera ?
3. Que dit la Loi de la jungle en cas de doute concernant un nouveau petit ?
4. Que ne dit pas la Loi au sujet du prix ?
5. Quel argument Bagheera donne-t-elle pour défendre l'idée d'accepter Mowgli dans le clan ?
6. Le clan finit par accepter sa proposition. Est-ce que les loups pensent que Mowgli survivra dans le clan ?

Lexique ▶ La comparaison

« Sa robe est tout entière noire **comme l'encre**. »

« Elle était **aussi** rusée **que** Tabaqui… »

« Sa voix était **plus** suave **que** le miel sauvage. »

comparé	comparant	caractère commun
la robe	l'encre	noire
la voix	le miel sauvage	suave
la peau	le duvet	doux
Bagheera	Tabaqui	rusé
	le buffle sauvage	hardi
	l'éléphant	intrépide

Je repère les mots de comparaison :
- *comme*,
- *aussi … que*,
- *plus … que*.

Un membre du Peuple Libre Épisode 4

Bagheera offre aux loups un taureau pour qu'en échange, ils acceptent Mowgli au sein du clan.

MOWGLI continuait à s'intéresser aux cailloux. Il ne daigna prêter aucune attention aux loups qui vinrent un à un l'examiner.
Puis, ils descendirent tous la colline, à la recherche du taureau mort laissé par la panthère, et seuls restèrent Akela, Bagheera, Baloo et les loups de Mowgli.
Shere Khan rugissait encore dans la nuit, car il était fort en colère que Mowgli ne lui eût pas été livré.

– Oui, tu peux rugir, dit Bagheera dans ses moustaches, car le temps viendra où cette petite chose nue te fera rugir sur un autre ton, ou je ne sais rien de l'homme.

– Nous avons bien fait, dit Akela : les hommes et leurs petits sont des gens très avisés. Le moment venu, il pourra se rendre utile.

– C'est vrai, dit Bagheera ; le moment venu, on pourra avoir besoin de lui, car personne ne peut compter conduire toujours le clan !

Akela ne répondit rien. Il pensait au temps qui arrive pour chaque chef de clan, où sa force l'abandonne et où, plus affaibli de jour en jour, il est tué à la fin par les loups et remplacé par un nouveau chef, qui sera tué plus tard à son tour.

– Emmenez-le, dit-il à Père Loup, et dressez-le comme il sied à un membre du Peuple Libre.

Et c'est ainsi que Mowgli entra dans le clan des loups de Seeonee, au prix d'un taureau et pour une bonne parole de Baloo.

Maintenant, il faut vous donner la peine de sauter dix ou douze années entières, et d'imaginer seulement l'étonnante existence que Mowgli mena parmi les loups, parce que, s'il fallait l'écrire, cela remplirait je ne sais combien de livres.

C'était aux jours où Baloo lui enseignait la Loi de la jungle. Le grand ours brun, vieux et grave, se réjouissait d'un élève à l'intelligence si prompte, car les jeunes loups ne veulent apprendre de la Loi de la jungle que ce qui concerne leur clan et leur tribu, et décampent dès qu'ils peuvent répéter le refrain de chasse :

« Pieds qui ne font pas de bruit ; yeux qui voient dans l'ombre ; oreilles tendues au vent, du fond des cavernes et dents blanches pour mordre : qui porte ces signes est de nos frères, sauf Tabaqui le chacal et l'Hyène, que nous haïssons. »

Mais Mowgli, comme petit d'homme, en dut apprendre bien plus long.

Compréhension

1. Que font tous les loups avant de redescendre de la colline ?
2. Que font les loups une fois descendus de la colline ?
3. Pourquoi le tigre Shere Khan rugit-il dans la nuit ?
4. Bagheera dit à propos de Shere Khan, « le temps viendra où [Mowgli] te fera rugir sur un autre ton ». Que veut-elle dire ?
5. Comment comprends-tu la réponse de Bagheera à Akela ?
6. Quel ordre Akela donne-t-il à Père Loup ?
7. Combien d'années se passe-t-il avant de retrouver Mogwli à la fin de l'épisode ?
8. Quel refrain les jeunes loups apprennent-ils de Baloo ?

Rédaction ▶ Renforcer une idée par la comparaison

Bagheera, aussi hardie qu'un buffle sauvage, s'adressa au Peuple Libre.

Akela, silencieux comme une pierre, était plongé dans ses pensées.

Mowgli, sage comme une image, écoutait les leçons du vieux Baloo.

L'enfant dormait comme un loir au milieu des loups.

Sur le chemin, les cailloux scintillent comme des étoiles.

Dans la nuit, Shere Khan rugit tel un lion enragé.

J'emploie **une comparaison** pour renforcer une idée sur le personnage ou son action avec : *aussi ... que, comme.*

Les leçons de Baloo Épisode 5

Le temps a passé. Mowgli a grandi et Baloo est devenu le professeur du petit d'homme. Il lui enseigne la Loi de la jungle.

QUELQUEFOIS Bagheera, la panthère noire, venait, en flânant au travers de la jungle, voir ce que devenait son favori. Et elle restait à ronronner, la tête contre un arbre, pendant que Mowgli récitait à Baloo la leçon du jour. L'enfant savait grimper presque aussi bien qu'il savait nager, et nager presque aussi bien qu'il savait courir. Aussi Baloo, le professeur de la Loi, lui apprenait-il les Lois des bois et des eaux : à distinguer une branche pourrie d'une branche saine ; à parler poliment aux abeilles sauvages quand il rencontrait par surprise un de leurs essaims à cinquante pieds au-dessus du sol ; les paroles à dire à Mang, la chauve-souris, quand il la dérangeait dans les branches au milieu du jour ; et la façon d'avertir les serpents d'eau dans les mares avant de plonger au milieu d'eux. Dans la jungle, personne n'aime à être dérangé, et on y est toujours prêt à se jeter sur l'intrus. En outre, Mowgli apprit également le cri de chasse de l'étranger, qu'un habitant de la jungle, toutes les fois qu'il chasse hors de son terrain, doit répéter à voix haute jusqu'à ce qu'il ait reçu réponse. Traduit, il signifie : « Donnez-moi liberté de chasser ici, j'ai faim. » La réponse est : « Chasse donc pour ta faim, mais non pour ton plaisir. »

Tout cela vous donnera une idée de ce que Mowgli devait apprendre par cœur. Et il se fatiguait beaucoup d'avoir à répéter cent fois la même chose. Mais, comme Baloo le disait à Bagheera, un jour que Mowgli s'en était allé bouder :

– Un petit d'homme est un petit d'homme, et il doit apprendre toute… tu entends bien, toute la Loi de la jungle.

– Oui, mais pense combien il est petit, dit la panthère noire, qui aurait gâté Mowgli si elle avait fait à sa guise. Comment sa petite tête peut-elle garder tous tes longs discours ?

– Y a-t-il quelque chose dans la jungle de trop petit pour être tué ? Non. C'est pourquoi je lui enseigne tout cela. Je suis en train de lui apprendre les Maîtres-Mots de la jungle appelés à le protéger auprès des oiseaux, du Peuple Serpent, et de tout ce qui chasse sur quatre pieds, sauf de son propre clan. Il peut maintenant, s'il veut seulement se rappeler les mots, se réclamer de toute la jungle.

Compréhension

1. Pourquoi Bagheera, la panthère noire, revient-elle parfois rendre visite à Baloo ?
2. Que sait faire Mowgli maintenant ?
3. Baloo apprend à Mowgli à communiquer avec des animaux. Lesquels ?
4. Quelle est la traduction du cri de chasse de l'étranger ?
5. À ton avis, pourquoi Mowgli a-t-il quitté le cours de Baloo en boudant ?
6. Comment comprends-tu la réponse de Baloo à Bagheera (lignes 24-25) ?
7. À quoi servent les Maîtres-Mots de la jungle que Baloo apprend à Mowgli ?

Lexique ▶ Le mot-clé chasser

« Donnez-moi liberté de **chasser** ici. »

CHASSER	
noms	**prédateurs :** lion • loup • renard • chat **proies :** gibier • sanglier • chevreuil • oiseau
synonymes	guetter • poursuivre • traquer repousser • écarter • éliminer renvoyer • expulser • déloger
famille de mots	chasse • chasseur • chasse-neige • pourchasser
expressions	prendre en chasse • Le jour chasse la nuit. • chasser l'ennui • chasser une idée de son esprit • chasser sur les terres de • chasse gardée
un mot, plusieurs sens	1 poursuivre pour capturer ou tuer *Le lion chasse la gazelle.* 2 faire fuir, disparaître *Le vent chasse les nuages.* 3 mettre dehors *Victor chasse les rats de sa cuisine.*

Les Maîtres-Mots Épisode 6

Bagheera trouve que Baloo est trop sévère avec son élève. Mais Mowgli doit apprendre beaucoup pour se défendre dans la jungle.

MAIS quels sont ces Maîtres-Mots ? Je suis apparemment plutôt faite pour accorder de l'aide que pour en demander. » Bagheera étira une de ses pattes pour en admirer les griffes, dont l'acier bleu s'aiguisait au bout comme un ciseau à froid.

– Je vais appeler Mowgli pour qu'il te les dise, s'il est disposé, répondit Baloo. Viens, Petit Frère !

– Ma tête sonne comme un arbre à abeilles, dit une petite voix maussade au-dessus de leurs têtes.

Et Mowgli se laissa glisser le long d'un tronc d'arbre. Il avait la mine fâchée, et ce fut avec indignation qu'au moment de toucher le sol il ajouta :

– Je viens pour Bagheera et non pour toi, vieux Baloo !

– Ça m'est égal ! dit Baloo, froissé et peiné. Répète alors à Bagheera les Maîtres-Mots de la jungle, que je t'ai appris aujourd'hui.

– Les Maîtres-Mots pour quel peuple ? demanda Mowgli, charmé de se faire valoir. La jungle a beaucoup de langues, et moi je les connais toutes.

– Tu sais quelque chose, mais pas beaucoup. Vois, Bagheera, ils ne remercient jamais leur maître. Jamais le moindre louveteau vint-il remercier le vieux Baloo de ses leçons ?… Dis le mot pour le Peuple Chasseur, alors… grand savant.

– Nous sommes du même sang, vous et moi, dit Mowgli en donnant aux mots l'accent ours dont se sert tout le Peuple Chasseur.

– Bien… Maintenant, pour les oiseaux.

Mowgli répéta, en ajoutant le cri du vautour à la fin de la phrase.

– Maintenant, pour le Peuple Serpent, dit Bagheera.

La réponse fut un sifflement tout à fait indescriptible, après quoi Mowgli se donna du pied dans le derrière, battit des mains pour s'applaudir lui-même, et sauta sur le dos de Bagheera, où il s'assit de côté, pour jouer du tambour avec ses talons sur la fourrure luisante, et faire à Baloo les plus affreuses grimaces qu'il pût imaginer.

Puis il se retourna pour dire à Bagheera comment l'enfant avait appris les Maîtres-Mots de Hathi, l'éléphant sauvage, qui sait tout ce qui a rapport à ces choses, et comment Hathi avait mené Mowgli à une mare pour apprendre d'un serpent d'eau le mot des serpents, que Baloo ne pouvait prononcer. Et comment Mowgli se trouvait maintenant suffisamment garanti contre tous accidents possibles dans la jungle, parce que ni serpent, ni oiseau, ni bête à quatre pieds ne lui ferait de mal.

Tout ce que nous avons dit ici arriva quelque temps avant que Mowgli eût été banni du clan des loups de Seeonee, ou se fût vengé de Shere Khan, le tigre.

D'après Rudyard Kipling, *Le Livre de la jungle*, 1899

Compréhension

1. Qui demande « Quels sont ces Maîtres-Mots » ?
2. Que comprends-tu de Bagheera quand elle dit : « Je suis apparemment plutôt faite pour accorder de l'aide que pour en demander » ?
3. Que signifie « Ma tête sonne comme un arbre à abeilles » ?
4. Que demande Baloo à Mowgli, quand celui-ci est au bas de son arbre ?
5. À quoi voit-on que Mowgli se vante de ce qu'il a appris ?
6. Selon toi, pourquoi Baloo appelle-t-il Mowgli « grand savant » ?
7. Qu'est ce qui sert de tambour à Mowgli ?
8. Est-ce que l'enseignement de Baloo est terminé ?

Rédaction ▶ Donner du rythme à son récit

La panthère demande à Mowgli les mots pour s'adresser au serpent. Aussitôt, l'enfant répond par un sifflement. Après quoi, il se donne du pied dans le derrière, bat des mains pour s'applaudir et saute sur le dos de Bagheera. Alors, il s'assoit de côté, joue du tambour et fait d'affreuses grimaces à Baloo.

Pour donner du rythme à mon récit, j'utilise des virgules ainsi que le mot *et* pour relier plusieurs actions.
J'**ajoute** + des indications de temps brèves : *aussitôt*, *dès lors*, *alors*, *soudain*, *tout à coup*...

Rédaction ▶ Écrire à partir du mot chasser

Étape 1 ▷ J'écris une phrase.

Qui ? le prédateur	Que fait-il ?	Qui ? la proie
Le loup	chasse	un marcassin.

Étape 2 ▷ J'invente une histoire.

- Où se passe cette histoire ?
- Que fait le prédateur pour chasser sa proie ? Quelles techniques utilise-t-il ?
- Que fait la proie pour échapper au prédateur ? Quel stratagème emploie-t-elle ?
- Quel est le dénouement de cette histoire ?

Étape 3 ▷ J'écris mon texte.

Dans la forêt, le loup repère soudain un marcassin. Dès lors, il avance à pas feutrés, se camoufle sous les fougères et garde le silence. Le jeune sanglier ne se doute de rien, il continue de renifler le sol et recherche des glands. Tout à coup, les feuilles mortes crissent autour de lui : le prédateur passe à l'attaque.
Aussitôt, le marcassin détale comme un lièvre. Le loup, vif comme l'éclair, court après lui et tente de le fatiguer. Le jeune animal, aussi rusé qu'un renard, réussit à retrouver sa harde. Alerté, un sanglier mâle, bien robuste, se met sur le chemin du loup et s'apprête à le charger. Celui-ci préfère faire demi-tour ! La partie de chasse est bel et bien terminée.

- J'utilise des virgules , le mot et ; j'ajoute des indications de temps pour organiser et donner du rythme à mon récit.
- J'utilise des pronoms et des synonymes pour éviter les répétitions.
- J'emploie des comparaisons pour renforcer une idée sur un personnage ou son action.

J'apprends un poème

Blanche

Blanche a de grands yeux bleus d'une douceur insigne[1],
Qu'elle ferme à demi, d'un air tendre et mourant.
Son petit nez mutin[2] est rose et transparent ;
Elle a dans ses contours des mollesses de cygne.

De son corps assoupli l'harmonieuse ligne
Enchante le regard qui va la parcourant,
Et l'on peut admirer le grand soin qu'elle prend
D'être à la fois aimable et caressante et digne.

Elle est svelte[3] et légère, et vous n'entendez pas,
Quand elle vient à vous, le moindre bruit de pas,
Tant de ses petits pieds la marche est délicate !

La voyant si charmante et si mignonne en tout,
Si douce en ses façons, mise de si bon goût,
On en est amoureux. – Mais Blanche… est une chatte.

Amédée Pommier,
Colifichets, jeux de rimes, 1860

1 **insigne :** remarquable, digne d'attention
2 **mutin :** espiègle
3 **svelte :** mince et élégant

Le Vent dans les saules

Le printemps Épisode 1

M TAUPE avait travaillé très dur toute la matinée pour le grand nettoyage de printemps de son petit logis. D'abord avec des balais et des torchons ; puis, grimpé sur des escabeaux, des marches et des chaises, avec une brosse et un seau rempli de blanc de chaux, tant et si bien qu'il avait de la poussière plein les yeux et la gorge, des éclaboussures de neige sur son pelage noir, les bras rompus de fatigue et le dos douloureux.

Le printemps se répandait, dans l'air au-dessus de sa tête, dans les entrailles de la terre et tout autour de lui, introduisant dans son humble et sombre petite demeure le génie de la rébellion et de la nostalgie. Aussi n'y eut-il rien d'étonnant à voir M. Taupe jeter soudain sa brosse à terre en s'écriant : « Ah ! et puis zut et flûte ! Au diable le nettoyage ! » et décamper sans même se soucier d'enfiler son manteau. Il se sentait appelé au-dehors par une force irrésistible. Il s'engagea dans une galerie, elle était étroite et petite, à la différence de la grande allée gravillonnée dont jouissaient les bêtes gîtant plus près du soleil et du grand air. Il se mit donc à gratter, à racler, à creuser et à ronger, puis il rerongea, regratta, reracla et recreusa, faisant travailler activement ses petites pattes tout en se marmonnant à lui-même : « On monte ! on monte ! » jusqu'à ce que tout d'un coup, hop ! voilà son museau en plein soleil, M. Taupe se retrouva roulant sur l'herbe chaude d'une vaste prairie.

« Ah, comme c'est bon ! se dit-il. C'est tout de même plus agréable que de badigeonner des murs ! » Une brise légère caressait son front brûlant, mais les rayons de soleil lui cuisaient le pelage et le joyeux gazouillis des oiseaux résonnait à ses oreilles engourdies par des mois de vie souterraine comme un horrible tintamarre. Gambadant aussitôt sur ses quatre pattes, tout à la joie de vivre et au ravissement d'un printemps qui ne s'accompagnait pas d'un nettoyage, il poursuivit son chemin à travers la prairie jusqu'à la haie qui la bordait.

Cela semblait presque trop beau pour être vrai. M. Taupe, tout à son affaire, déambulait dans les prés, le long des haies, à travers les bosquets, découvrait partout des oiseaux nichant, des fleurs à peine écloses, des feuilles qui poussent.

Compréhension

1. Pour quelle occasion M. Taupe travaille-t-il très dur ?
2. D'où les « éclaboussures de neige » proviennent-elles ?
3. Qu'est-ce qui introduit l'envie de rébellion dans la demeure de M. Taupe ?
4. À quels signes vois-tu que M. Taupe se rebelle ?
5. Selon toi, quelle est cette force irrésistible qui l'appelle à sortir de son logis ?
6. Que doit-il faire avant que son museau n'atteigne le soleil ?
7. Pourquoi ses oreilles sont-elles engourdies ?
8. Quels signes du printemps découvre-t-il quand il gambade dans les prés ?

Lexique ▶ Les préfixes re-, ré-, r-, ra-

« … puis il **rerongea**, **regratta**, **reracla**, **recreusa**. »

répétition	retour en arrière	amplification
refaire	redonner	rehausser
repeindre	refroidir	retarder
recreuser	résonner	rétrécir
réapprendre	réhabituer	rallonger
réopérer	renvoyer	ralentir
racheter	raccompagner	raccourcir
rallumer	remballer	ramollir

Je **repeins** les volets de la cuisine. → peindre de nouveau
Je **redonne** le ballon à mon partenaire. → faire revenir
Je **ralentis** le rythme. → rendre plus lent

La rivière Épisode 2

M. Taupe est en plein nettoyage de printemps, quand il décide de sortir se promener pour profiter de la douceur de l'air.

TOUT renaissait, tout respirait la joie et l'entrain. Et au lieu d'être tourmenté par sa mauvaise conscience qui lui soufflerait : « Badigeon », il ne pouvait s'empêcher de se dire combien il avait de la chance d'être le seul flâneur au milieu de tous ces êtres affairés. Après tout, ce qu'il y a de plus agréable quand on est en congé, ce n'est pas tant de se reposer soi-même que de regarder les autres travailler.

Il n'imaginait pas de bonheur plus complet que celui d'errer comme cela à l'aventure quand tout à coup il s'arrêta devant une rivière. Il n'avait de sa vie jamais vu de cours d'eau – espèce de gros animal luisant et sinueux toujours en fuite, gloussant, se saisissant de choses avec un glouglou et les recrachant un peu plus loin dans un gargouillis, pour se jeter aussitôt sur d'autres camarades de jeu qui se libéraient en s'ébrouant de son emprise pour se retrouver de nouveau captifs. Là, tout n'était que tremblements et frissonnements, lueurs et étincelles, bruissements et remous, chuchotements et bouillonnements. M. Taupe en resta ensorcelé, transporté, fasciné. Il se mit à trotter le long de la rivière comme un petit enfant trottine au côté d'un adulte qui l'envoûte par des histoires passionnantes ; et quand, enfin, las, il s'assit sur la berge, la rivière continua à lui susurrer les plus belles histoires du monde, venues des entrailles mêmes de la terre et qu'elle irait ensuite répéter à la mer insatiable.

Tandis qu'il était assis sur l'herbe, il aperçut sur la rive opposée un trou sombre, juste au-dessus du niveau de l'eau et il se surprit à rêver à l'abri douillet que cela pourrait faire pour un animal aux goûts simples comme les siens et sachant apprécier un coquet pied-à-terre, à l'écart des inondations et qui plus est loin du bruit et de la poussière.
Il remarqua alors tout au fond du trou quelque chose de minuscule qui semblait scintiller puis s'évanouissait avant de jeter de nouveaux éclats comme une toute petite étoile.

Compréhension

1. Si la mauvaise conscience de M. Taupe se réveillait, que lui dirait-elle ?
2. D'après M. Taupe, qu'y a-t-il de plus agréable quand on est en congé ?
3. Que n'a jamais vu M. Taupe ?
4. À quoi l'auteur compare-t-il le cours d'eau ?
5. M. Taupe s'est arrêté, fasciné par la rivière. Que fait-il quand il se remet à bouger ?
6. À quoi l'auteur compare-t-il la manière de trotter de M. Taupe lorsqu'il longe la rivière ?
7. À qui la rivière racontera-t-elle ses histoires en dernier lieu ?
8. Selon toi, à qui est destiné l'abri douillet imaginé en rêve par M. Taupe, tandis qu'il est assis sur l'herbe ?

Rédaction ▶ Renforcer une idée par des synonymes

M. Rat explique et M. Taupe n'écoute pas.

→ Dans la rivière, près de la berge où l'eau est peu profonde, M. Rat explique les gestes pour nager tandis que son voisin a la tête ailleurs. Son esprit s'évade, il rêvasse.

Pour renforcer une idée, j'**ajoute** + des mots ou des expressions synonymes, en allant du sens le plus faible au plus fort.

L'invitation Épisode 3

Fasciné par la rivière, M. Taupe s'assoit sur la rive pour l'admirer. Soudain, une étrange petite lueur au fond d'un trou attire son attention…

NE ÉTOILE en un tel endroit, c'était invraisemblable, et elle était trop brillante et trop petite pour qu'il pût s'agir d'un ver luisant. Alors, comme il y fixait son regard, elle se mit à clignoter et se révéla être un œil. Et une petite figure commença à se dessiner autour de cet œil un peu comme un cadre entoure un tableau.

Une petite figure brunâtre avec des moustaches.

Une figure ronde et grave avec le même clignotement dans l'œil qui avait d'abord attiré son attention.

De jolies petites oreilles et des poils drus et soyeux.

C'était M. Rat d'eau !

Les deux animaux se dressèrent alors sur leur séant et s'examinèrent avec circonspection.

– Bonjour, Taupe ! dit M. Rat d'eau.

– Bonjour, Rat ! dit M. Taupe.

– Voudriez-vous venir jusqu'à moi ? demanda M. Rat.

– Ce n'est pas aussi simple que vous le dites, maugréa M. Taupe, peu familier de la rivière et de la vie qu'on mène dans son courant et sur ses berges.

M. Rat se baissa, dénoua une corde et s'en saisit sans dire un mot ; puis il sauta avec souplesse dans une petite barque que M. Taupe n'avait pas remarquée. Elle était peinte en bleu à l'extérieur et en blanc à l'intérieur, et pouvait juste contenir deux animaux. M. Taupe la trouva immédiatement à son goût bien qu'il ne sût pas encore très bien à quoi elle pouvait servir.

M. Rat traversa promptement la rivière avec la barque et l'amarra à l'autre rive, puis il tendit sa patte de devant à M. Taupe, qui avançait vers lui avec précaution.

– Tenez-vous bien à moi, n'ayez pas peur, dit-il. Et maintenant, sautez !

Et M. Taupe, ravi et surpris, se retrouva assis à l'arrière d'un vrai bateau.

– Quelle journée splendide ! s'écria-t-il tandis que M. Rat s'éloignait de la rive à coups d'aviron. Savez-vous que c'est la première fois de ma vie que je monte dans un bateau ?

[…] M. Taupe frétilla des orteils de pur bonheur, gonfla sa poitrine d'un soupir d'aise et se renversa en arrière comme un bienheureux sur les coussins moelleux.

Compréhension

1. À la fin de l'épisode 2, M. Taupe aperçoit au fond du trou un point minuscule qui scintille. Que ne peut pas être ce point ?
2. D'où la petite lueur provient-elle finalement ?
3. Quel est l'animal dont le visage se dessine autour de cet œil ?
4. Peux-tu décrire en quelques traits le visage de M. Rat d'eau ?
5. Que demande M. Rat à M. Taupe ?
6. Que répond M. Taupe à l'invitation de M. Rat ? Pourquoi ?
7. Selon toi, pourquoi M. Taupe ne sait-il pas à quoi peut servir la barque de M. Rat ?
8. Avec quelles parties de son corps M. Taupe manifeste-t-il qu'il est heureux ?

Lexique ▶ Les manières de prendre

« M. Rat se baissa, dénoua une corde et s'en **saisit**. »

prendre
- brusquement → **saisir** • **s'emparer** • **happer** • **attraper**
- par les mains → **manier**
  par les doigts → **pincer**
  par le poing → **empoigner**
- pour obtenir → **se procurer** • **se fournir** • **acquérir**
- pour retirer → **enlever** • **ôter** • **prélever** • **confisquer**
- tout pour soi → **emporter** • **accaparer** • **rafler**
- à la source → **puiser**
- à une fin précise → **utiliser** • **employer**
- avec demande → **emprunter**
  sans demande → **voler** • **dérober** • **ravir** • **arracher**

Sur la rivière Épisode 4

M. Taupe rencontre M. Rat d'eau. Celui-ci l'invite à faire un tour sur sa barque. C'est la première fois que M. Taupe monte sur un bateau.

C'EST une journée à marquer d'une pierre blanche pour moi ! s'exclama-t-il. Partons tout de suite.
– Attendez-moi là un instant et tenez-vous bien, recommanda M. Rat qui amarra sa barque à l'anneau de son débarcadère, grimpa jusqu'à son abri, et reparut au bout d'un moment, vacillant sous le poids d'un énorme panier de pique-nique. Fourrez ça sous vos pieds, dit-il à M. Taupe en le lui tendant.
Puis il détacha la corde d'amarrage et reprit les avirons. [...]
– Là-bas, qu'est-ce que c'est ? demanda M. Taupe en montrant de la patte un terrain boisé d'aspect plutôt sombre, qui encadrait les prairies sur un côté de la rivière.
– Là-bas ? C'est comme qui dirait la Forêt sauvage, répondit brièvement M. Rat. Ce n'est pas un endroit que nous fréquentons énormément, nous autres, riverains.
– Pourquoi ? Les gens qui l'habitent ne sont-ils pas des gens bien ? demanda M. Taupe avec un rien d'appréhension.
– Laissez-moi réfléchir, répondit M. Rat. Pour les écureuils, il n'y a trop rien à redire. Quant aux lapins, mon Dieu, il y en a quelques-uns de très bien, mais dans l'ensemble c'est plutôt mélangé. N'oublions pas, bien sûr, Blaireau. Lui, il habite au cœur de la forêt ; il ne vivrait pas ailleurs pour tout l'or du monde. Cher vieux Blaireau ! Ah çà ! il n'aime pas être dérangé. Gare à celui qui s'y frotte, ajouta-t-il en soulignant ses propos d'un regard.
– Mais qui voudrait s'y frotter ?
– Qui ? Mais c'est qu'il y a les autres, tous les autres, les belettes, les hermines, les renards, etc. Ce ne sont pas de mauvais bougres. Moi je m'entends bien avec eux, on taille une petite bavette de temps en temps quand on se rencontre, mais il faut bien admettre qu'ils sont un peu bizarres, on ne peut pas vraiment se fier à eux, ça, c'est vrai.
M. Taupe savait fort bien que c'est déroger à l'étiquette de la gent animale que d'insister sur ce qui peut être source d'ennui, ou simplement même d'y faire allusion.

Il changea donc de sujet.
– Et derrière la Forêt sauvage, qu'y a-t-il ? demanda-t-il. Là où c'est tout bleu et un peu flou, on aperçoit ce qui pourrait bien être des collines, ou peut-être pas. Et là, on dirait la fumée des villes ou tout simplement des nuages.

Compréhension

1. Selon toi, pourquoi M. Taupe dit-il que cette journée est à marquer d'une pierre blanche ?
2. Pourquoi M. Rat descend-il de sa barque ?
3. Qu'est-ce que ce sombre terrain boisé qu'aperçoit M. Taupe ?
4. Si on arrête la lecture à la ligne 15, qu'apprend-on au sujet de cette Forêt sauvage ?
5. Quelle hypothèse M. Taupe formule-t-il pour expliquer que la Forêt sauvage n'est pas très fréquentée par les riverains ?
6. De quels animaux de la Forêt sauvage M. Rat parle-t-il d'abord ?
7. Que dit M. Rat de Blaireau ?
8. De quels animaux M. Rat parle-t-il encore ? Qu'en dit-il ?
9. Pourquoi M. Taupe change-t-il de sujet de conversation ?

Rédaction ▶ Remplacer prendre par un verbe précis

M. Taupe — [**prend** / attrape / saisit / empoigne / happe / s'empare de] — la bouée de sauvetage.

Je **remplace** le verbe prendre par un synonyme qui convient.

Le pique-nique Épisode 5

En naviguant sur la rivière, M. Taupe découvre le monde qui l'entoure.

DERRIÈRE la Forêt sauvage, il y a le Vaste Monde, dit M. Rat. Nous n'avons rien à y faire, ni vous ni moi. Je n'y suis jamais allé et je n'irai jamais, et si vous avez deux sous de cervelle, vous ferez comme moi. Je vous prie de ne plus jamais m'en reparler. Ah, voici notre petit plan d'eau où nous allons pouvoir déjeuner ! »

S'écartant du courant principal, ils entrèrent dans ce qui semblait être à première vue un petit lac, bordé de pentes gazonnées. Sous l'eau calme et limpide luisaient de grosses racines d'arbres brunâtres, pareilles à des serpents, tandis que devant eux la roue d'un moulin à pignon gris qui s'égouttait, appuyée contre l'épaule d'un barrage écumeux, emplissait l'air d'un murmure apaisant quoiqu'un peu monotone, d'où fusait par moments un chapelet de notes cristallines.
Devant tant de beauté M. Taupe ne pouvait que joindre ses pattes avant dans un geste d'adoration et s'écrier d'une voix haletante : « Oh, mon Dieu ! oh, mon Dieu ! »

M. Rat approcha la barque de la rive, l'amarra solidement, aida le toujours balourd M. Taupe à descendre et lui balança le panier de provisions, que M. Taupe demanda à M. Rat la permission de déballer, permission que celui-ci lui accorda bien volontiers, trop heureux qu'il était de pouvoir s'étendre de tout son long sur le gazon, pendant que son ami s'affairait fébrilement, secouait la nappe et l'étendait, y sortait un par un tous ces mystérieux paquets et en disposait méthodiquement les contenus, en s'exclamant d'une voix émue : « Ça par exemple ! Ça par exemple ! » à chaque nouvelle découverte.

Quand tout fut prêt, M. Rat se tourna vers M. Taupe et lui dit :

– Et maintenant servez-vous, mon vieux !

M. Taupe ne se le fit pas dire deux fois car il avait commencé son nettoyage de printemps de très bonne heure ce matin-là, comme c'est l'usage, et ne s'était même pas arrêté pour grignoter quelque chose ; et depuis lors il avait vécu tant d'événements qu'il lui semblait qu'il s'était écoulé des jours et des jours.

– Que regardez-vous là ? demanda M. Rat au bout d'un moment, quand ils furent quelque peu rassasiés et que M. Taupe parvint à détacher ses yeux de la nappe.

– J'étais en train de regarder cette traînée de bulles d'air qui flotte à la surface de l'eau. Quelle chose curieuse c'est là !

– Des bulles d'air ? Oh, je vois ce que vous voulez dire, dit M. Rat qui se mit à chantonner d'un air guilleret comme s'il appelait un ami. Oh ! Oh !

À cette invitation un gros museau tout luisant s'appuya contre le bord de la berge, et M. Loutre sortit de l'eau en s'ébrouant.
– Ah, les gloutons ! dit-il en se dirigeant vers les provisions. Je suis l'oublié de la fête, n'est-ce pas, Raton ?
– Oh ! ça s'est décidé au dernier moment, expliqua M. Rat. Mais laissez-moi d'abord vous présenter M. Taupe, mon ami.

– Ravi de faire votre connaissance, dit M. Loutre.
Et à l'instant même ils devinrent amis.
– Quel remue-ménage aujourd'hui ! On dirait que tout le monde s'est donné rendez-vous sur la rivière, reprit M. Loutre. J'avais justement choisi ce petit plan d'eau dans l'espoir de pouvoir m'y ébattre tout à mon aise, et voilà que je tombe sur vous deux, mes gaillards, soit dit sans vous offenser.

Un bruissement se fit entendre derrière une haie épaisse, où l'on comptait encore les feuilles de l'année précédente, et des yeux, dans une tête zébrée qui surmontait deux hautes épaules, les scrutèrent.
– Amenez donc votre fraise, vieux Blaireau, cria M. Rat.

Compréhension

1. À la fin de l'épisode 4, M. Taupe demande ce qu'il y a derrière la Forêt sauvage. Que répond M. Rat ?
2. Que pense M. Rat du Vaste Monde ?
3. Quelle installation emplit-elle l'air d'un murmure apaisant ?
4. Que fait M. Rat après avoir amarré la barque ?
5. Que fait-il pendant que M. Taupe déballe le panier à provisions ?
6. À ton avis, pourquoi M. Taupe dit-il « Ça par exemple ! » lorsqu'il déballe le panier à provisions ?
7. Comment répond-il à l'invitation de se servir formulée par M. Rat ?
8. Pourquoi se précipite-t-il sur la nourriture ?
9. D'où provient la traînée de bulles d'air aperçue par M. Taupe ?

Lexique ▶ Les registres de langue

« Et **si vous avez deux sous de cervelle**, vous ferez comme moi. »

langage familier	langage courant	langage soutenu
si vous avez deux sous de cervelle	si vous réfléchissez bien	si vous faites appel à votre intelligence
casser la croûte	manger	déjeuner
content de vous voir	heureux de vous rencontrer !	ravi de faire votre connaissance !
Quelle pagaille !	Quel remue-ménage !	Quelle agitation !
batifoler	m'amuser	m'ébattre tout à mon aise
tacler	vexer	offenser
mes gaillards	mes amis	mes compagnons
Amenez donc votre fraise !	Venez par ici !	Veuillez approcher !
J'peux… ?	Est-ce que je peux… ?	Puis-je avoir la permission de… ?
Je suis calé !	J'ai le ventre bien rempli !	Je suis rassasié !

J'emploie l'un des trois registres de langue selon la personne à qui je m'adresse (amis, adultes…) et la situation dans laquelle je suis (en famille, en classe, dans un discours, dans une lettre…) :

- **langage familier** → quand je parle de façon relâchée ;
- **langage courant** → quand je communique dans la vie quotidienne ;
- **langage soutenu** → quand je m'adresse de façon respectueuse et raffinée.

Blaireau et Crapaud Épisode 6

M. Rat et M. Taupe se sont arrêtés plus loin sur la rive pour pique-niquer. M. Taupe fait alors connaissance avec M. Loutre.

BLAIREAU fit un pas ou deux en trottinant dans leur direction, puis il s'arrêta, grommelant : « Oh, il y a de la compagnie ! » Il fit demi-tour et disparut.

– C'est tout lui, ça, fit remarquer M. Rat dépité. Il déteste le monde. Nous ne le reverrons plus de toute la journée, vous pouvez me croire. Et à part ça, dites-nous un peu qui il y a sur la rivière.

– Eh bien, il y a d'abord Crapaud dans son costume flambant neuf, répondit M. Loutre, et pas seulement le costume, le bateau, tout le saint-frusquin : tout est pimpant.

Et les deux compères éclatèrent de rire en se regardant.

– Autrefois il ne jurait que par la navigation à voile, puis il s'était lassé et il s'était mis au canotage, dit M. Rat. Il ne faisait que canoter du matin au soir et tous les jours de la semaine, et il fallait voir comment il avait saboté ça ! L'an dernier il avait acheté une péniche de plaisance, nous avons dû tous y monter, rester avec lui, et même faire semblant d'aimer ça. Il devait, paraît-il, finir ses jours dedans. C'est toujours la même chose avec tout ce qu'il entreprend ; il s'en lasse aussitôt et s'entiche d'une nouvelle tocade.

– C'est un brave type, conclut M. Loutre d'un air songeur. Mais trop instable, surtout dans une périssoire.

De là où ils étaient assis ils pouvaient apercevoir la rivière au-delà de l'îlot qui les en séparait, et à cet instant un skiff surgit, filant à toute vitesse, conduit par un rameur râblé et corpulent, qui se démenait comme un beau diable en faisant de terribles embardées et en laissant derrière lui un sillage d'éclaboussures. M. Rat se leva pour le héler, mais M. Crapaud, car c'était lui, d'un signe de tête, refusa de s'arrêter et se remit à ramer d'arrache-pied.

– Il va chavirer dans un rien de temps s'il continue à cette cadence, dit M. Rat en se rasseyant.

– Ça, c'est sûr comme deux et deux font quatre, dit M. Loutre en gloussant. Vous ai-je jamais conté l'histoire de Crapaud et de l'éclusier ? C'est arrivé de la façon suivante. Un jour que Crapaud…

Or juste à ce moment-là un éphémère traversa le courant sans regarder ni à droite ni à gauche à la manière de ces étourdis d'éphémères. Un tourbillon suivi d'un plouf, et l'éphémère avait disparu corps et biens, et M. Loutre avec lui.

Compréhension

1. Pourquoi M. Blaireau fait-il demi-tour et ne se joint-il pas à la fête ?
2. Qui sont les deux compères ?
3. À ton avis, pourquoi M. Loutre n'utilise-t-il pas le mot « Monsieur » pour parler de Crapaud ?
4. Quels sont les trois moyens de navigation utilisés successivement par Crapaud ?
5. Est-ce que Crapaud persévère dans ce qu'il fait ?
6. Comment est décrit le pilote du skiff ?
7. Qui pilote le skiff ?
8. Qu'est-il arrivé à l'éphémère et à M. Loutre ?

Rédaction ▶ Imaginer un dialogue dans un récit

Situation initiale : M. Rat explique les gestes pour nager tandis que son voisin a la tête ailleurs. Son esprit s'évade, il rêvasse.

1. M. Rat termine sa leçon et lui demande s'il a bien écouté ses explications.
2. M. Taupe, encore dans ses pensées, acquiesce.
3. M. Rat lui rappelle la technique de natation : celle de la grenouille.
4. M. Taupe répète sans réfléchir ce que dit M. Rat.
5. M. Rat l'encourage à se lancer.

Situation finale : M. Taupe se laisse glisser dans l'eau, mais il perd pied et commence à se noyer. Il empoigne la bouée de sauvetage.

À partir des situations initiale et finale, j'imagine un dialogue dans mon récit. Je fais la liste des idées d'échanges entre les personnages.

M. Taupe veut ramer Épisode 7

Après avoir fait connaissance du timide M. Blaireau, M. Taupe découvre l'étonnant M. Crapaud s'agitant maladroitement sur un skiff.

EH BIEN, eh bien, dit M. Rat, il serait temps, me semble-t-il, de nous remettre en route. Mais avant, il y a tout cela à remballer.

On voyait bien qu'il avait beau dire, il n'en avait pas tellement envie.

– Oh, je vous en prie, laissez-moi faire, proposa M. Taupe.

Ce à quoi M. Rat consentit de bonne grâce.

Si l'on a du plaisir à déballer un panier de provisions, on en trouve toujours moins à les remballer. Mais rien ne pouvait entamer la bonne humeur de M. Taupe, même quand, après avoir sanglé le panier, il s'aperçut qu'il restait encore une assiette sur l'herbe, et que, lorsqu'il eut tout fini, M. Rat lui montra une fourchette qu'à sa place n'importe qui aurait vue, et, pis que tout, le pot à moutarde sur lequel il s'était par mégarde assis tant bien que mal, tout fut mené à son terme sans trop d'énervement de la part de M. Taupe. Le soleil de l'après-midi déclinait déjà quand M. Rat prit lentement le chemin du retour; il était d'humeur rêveuse et se murmurait à lui-même tout un tas de choses poétiques sans trop se préoccuper de la présence de M. Taupe. Or celui-ci, rassasié, tout content de soi et tout fier, se disant qu'il était comme chez lui sur un bateau, commençait de s'impatienter. Aussi exprima-t-il ce souhait:

– Raton, s'il vous plaît, j'aimerais ramer maintenant.

M. Rat secoua la tête en souriant et lui répondit:

– Non, pas encore, mon jeune ami. Attendez d'avoir pris quelques leçons. Ce n'est pas aussi facile que ça en a l'air.

M. Taupe demeura tranquille quelque temps. Puis il se sentit de plus en plus jaloux de M. Rat, qui ramait avec tant de force et d'aisance que son orgueil lui chuchota qu'il pourrait en faire tout autant. Il bondit et s'empara des rames avec une telle brusquerie que M. Rat, qui continuait à se raconter de jolies choses toutes poétiques, sans quitter l'eau des yeux, fut pris par surprise et tomba à la renverse pour la seconde fois, tandis que M. Taupe, l'écartant de sa place, empoigna les avirons avec une entière confiance en ses moyens.

– Arrêtez, espèce de nigaud ! cria M. Rat du fond du bateau. Vous n'y connaissez rien, et vous allez nous faire chavirer.

M. Taupe rejeta ses rames en arrière avec panache, en voulant sabrer l'eau. Manque de chance, il ne sabra rien du tout et il se retrouva cul par-dessus tête, étendu de tout son long sur M. Rat. Pris de panique, il chercha à s'agripper au rebord de la barque, qui bascula comme de bien entendu et flop ! tout le monde à l'eau.

Compréhension

1. M. Rat a-t-il envie de remballer les affaires du pique-nique ?
2. M. Taupe a-t-il tout remballé lorsqu'il a fini de sangler le panier ?
3. M. Rat lui montre une fourchette, pourtant bien visible, qu'il a oubliée. Que peux-tu en déduire ?
4. De quelle humeur est M. Rat quand il reprend le chemin du retour ?
5. Que voudrait faire M. Taupe sur le chemin du retour ?
6. Quel conseil M. Rat donne-t-il à M. Taupe ?
7. Pour quelle raison M. Taupe n'écoute-t-il pas le conseil de M. Rat ?
8. Qu'arrive-t-il à M. Rat suite à l'action de M. Taupe ?
9. Que réussit à faire M. Taupe en fin de compte ?

Lexique ▶ Les préfixes de sens contraire

« Si l'on a du plaisir à **déballer**… »

dé-, dés-	in-, im-, il-, ir-
faire • défaire	exact • inexact
conseiller • déconseiller	juste • injuste
favorable • défavorable	ouï • inouï
intéresser • désintéresser	prudent • imprudent
ordonner • désordonner	mortel • immortel
emballer • déballer	limité • illimité
engourdir • dégourdir	régulier • irrégulier

Mouillé et honteux Épisode 8

Cela n'a pas manqué : M. Taupe, malhabile dans l'usage des rames, a fait chavirer l'embarcation, et M. Rat et lui-même se retrouvent à l'eau !

RAT s'empara d'un aviron, qu'il glissa sous l'un des bras de M. Taupe, puis il fit de même avec l'autre et, nageant derrière lui tout en poussant l'infortunée bestiole jusqu'à la berge, il la hissa sur le bord comme une pauvre chose toute détrempée et toute raplapla !

– Trottez un bon coup le long du chemin de halage, mon vieux, lui suggéra M. Rat après qu'il l'eut frotté et essuyé de son mieux. Cela vous réchauffera et vous séchera du même coup. Pendant ce temps-là, moi, je vais essayer de repêcher le panier à provisions.

Et le pauvre M. Taupe, mouillé au-dehors et honteux au-dedans, trotta jusqu'à être à peu près sec, tandis que M. Rat, replongeant dans l'eau, récupérait la barque, la redressait et l'amarrait à la berge, avant d'aller repêcher un à un tous les biens épars qui flottaient sur l'eau ; il réussit à attraper le panier à provisions et tant bien que mal le ramena à terre.

Quand vint le moment de repartir, M. Taupe, sans force et abattu, prit place à l'arrière du bateau et dit d'une voix basse brisée par l'émotion :

– Raton, mon généreux ami, je me suis conduit comme un idiot et comme un ingrat. Quand je songe que par ma faute nous aurions pu perdre ce magnifique panier à provisions, j'en suis tout retourné. J'ai été un parfait crétin, j'en ai bien conscience. Pourrez-vous fermer les yeux pour cette fois, m'accorder votre pardon et me conserver votre amitié ?

– Ne vous en faites pas pour ça, mon vieux, répondit M. Rat sans se départir de sa bonne humeur. Qu'est-ce qu'un petit bain pour un rat d'eau comme moi ? Je passe plus de temps dans l'eau que hors de l'eau. Oublions tout cela. Tenez, j'ai une proposition à vous faire. Si vous veniez passer quelques jours chez moi ? Mon logis n'a rien de bien luxueux, comme celui de Crapaud, que d'ailleurs vous n'avez pas encore vu, mais je vous recevrai à la bonne franquette, et vous y serez bien. Je vous apprendrai à ramer et à nager, et vous serez bientôt aussi habile sur l'eau dans n'importe lequel d'entre nous.

[…] M. Taupe devait passer bien d'autres journées encore plus remplies et plus intéressantes que celle-ci à mesure que l'été avançait.

Il apprit à nager, et à ramer, et à batifoler avec l'eau ; et, parfois, l'oreille dressée, il surprenait quelques bribes de ce que la brise chuchotait aux roseaux.

Kenneth Grahame, *Le Vent dans les saules*, traduction de Gérard Joulié, © Libella, Paris, 2011

Compréhension

1. Comment M. Rat sauve-t-il M. Taupe de la noyade ?
2. Que conseille M. Rat à M. Taupe une fois ce dernier sur la berge ?
3. Que fait M. Rat pendant que M. Taupe se sèche ?
4. M. Taupe est mouillé au-dehors, mais pourquoi se sent-il honteux au-dedans ?
5. Dans quel état est-il quand il s'assoit à l'arrière de la barque ?
6. Pourquoi M. Taupe pense-t-il avoir été ingrat ?
7. Que demande M. Taupe à M. Rat ?
8. Quelle est la réponse de M. Rat ?
9. Quelle proposition M. Rat fait-il à M. Taupe ?

Rédaction ▶ Écrire un dialogue dans un récit

M. Rat termine sa leçon et dit :
– J'espère que mes explications sont claires et limpides comme l'eau !
– Oui… oui ! bredouille M. Taupe, encore dans ses pensées.
– Parfait ! Rappelez-vous : vous faites comme la grenouille !
– Comme la grenouille ! répète machinalement M. Taupe.
– Alors, allez-y ! lance M. Rat. Je vous suis !

J'introduis un dialogue dans un récit par le deux-points :.

J'**ajoute** + le tiret – et change de ligne pour chaque prise de parole de personnage. J'emploie des verbes d'expression au début, au milieu ou à la fin pour préciser le ton : *dit*, *répond*, *s'exclame*, *suggère*, *bredouille*, *crie*, *hésite*, *murmure*, *ordonne*, *demande*, *soupire*, *propose*, *annonce*…

Le Vent dans les saules

Rédaction ▶ Écrire un dialogue dans un récit

J'observe

Dans la rivière, près de la berge où l'eau est encore peu profonde, M. Rat explique les gestes pour nager, tandis que son voisin a la tête ailleurs. Son esprit s'évade, il rêvasse. M. Rat termine sa leçon et dit :
– J'espère que mes explications sont claires et limpides comme l'eau !
– Oui… oui ! bredouille M. Taupe, encore dans ses pensées.
– Parfait ! Rappelez-vous : vous faites comme la grenouille !
– Comme la grenouille ! répète machinalement M. Taupe.
– Alors, allez-y ! lance M. Rat. Je vous suis !
Quelques instants après, M. Taupe se laisse glisser dans l'eau mais il perd pied et commence à se noyer. Aussitôt, M. Rat lui lance une bouée de sauvetage que M. Taupe empoigne comme il peut !

J'écris ▷ J'écris un texte avec un dialogue à partir de ces images de début et de fin.

- Je décris bien la situation initiale et la situation finale.
- J'introduis le dialogue par le deux-points [:], j'ajoute le tiret [–] et le passage à la ligne pour chaque prise de parole de personnage.
- J'emploie des verbes d'expression au début, au milieu ou à la fin pour préciser le ton : *dit*, *répond*, *s'étonne*, *propose*, *marmonne*, *s'écrie*…

J'apprends un poème

L'Albatros

Souvent, pour s'amuser, les hommes d'équipage
Prennent des albatros, vastes oiseaux des mers,
Qui suivent, indolents[1] compagnons de voyage,
Le navire glissant sur les gouffres amers[2].

À peine les ont-ils déposés sur les planches,
Que ces rois de l'azur, maladroits et honteux,
Laissent piteusement leurs grandes ailes blanches
Comme des avirons traîner à côté d'eux.

Ce voyageur ailé, comme il est gauche et veule[3] !
Lui, naguère[4] si beau, qu'il est comique et laid !
L'un agace son bec avec un brûle-gueule[5],
L'autre mime, en boitant, l'infirme qui volait !

Le Poète est semblable au prince des nuées[6]
Qui hante la tempête et se rit de l'archer ;
Exilé sur le sol au milieu des huées[7],
Ses ailes de géant l'empêchent de marcher.

Charles Baudelaire, *Les Fleurs du mal*, 1861

1 **indolent :** nonchalant, paresseux
2 **gouffres amers :** ici, la mer
3 **veule :** lâche
4 **naguère :** autrefois
5 **brûle-gueule :** sorte de pipe à tuyau court
6 **nuées :** nuages épais
7 **huées :** cris hostiles poussés par un groupe

La Grotte de Lascaux

Une découverte extraordinaire

Nouvelle-Aquitaine

A

C'est une histoire merveilleuse, qui ressemble à un roman d'aventures. Tout commence le 8 septembre 1940, alors que la deuxième guerre mondiale fait rage.

À Montignac en Dordogne, loin du front, Marcel Ravidat, 18 ans, et son chien Robot se promènent dans les collines avoisinantes. Soudain, Robot part à toute vitesse, truffe contre le sol. Il est sur la piste d'un lapin et disparaît dans une petite cavité, sous un arbre déraciné. Or, selon une légende locale, il y aurait, dans les environs, des souterrains conduisant au trésor caché du château voisin ! Hélas, le trou est trop petit pour s'y glisser et trop sombre pour y distinguer quelque chose.

Marcel décide de revenir quelques jours plus tard avec une pioche, une lampe Pigeon, et du renfort. Il revient, équipé et accompagné de ses amis Georges Agniel, 16 ans, Simon Coencas, 13 ans, et Jacques Marsal, 15 ans.

Les garçons dégagent l'accès d'un petit corridor en pente. Ils s'y glissent et aboutissent dans une grotte. À la lumière de leur lampe, ils découvrent le véritable trésor que cachait la grotte : des chevaux, des bisons, des taureaux, des fauves peints sur les parois ! Ils ne le savent pas encore, mais ils viennent de découvrir l'une des plus importantes grottes ornées du Paléolithique supérieur. Ces magnifiques peintures pariétales datent de 17 000 ans avant Jésus-Christ.

B

Prévenu par les garçons, Léon Laval, leur ancien instituteur, (à gauche sur la photo), visite à son tour la grotte. Il avertit aussitôt l'abbé Henri Breuil (à droite), un spécialiste de la Préhistoire, qui authentifie les peintures.

C

Visiter Lascaux

En 1963, le site est fermé au public : les nombreuses visites, sources de chaleur et d'humidité, abîmaient les peintures. En 1983, une copie partielle de la grotte ouvre ses portes aux visiteurs. En 2012, une exposition itinérante, qui porte le nom de *Lascaux 3*, est organisée. En 2016, une nouvelle réplique, complète, appelée *Lascaux 4*, permet à tout le monde d'admirer ces peintures datant d'il y a plusieurs milliers d'années. La grotte d'origine n'est plus accessible qu'aux chercheurs et aux spécialistes.

Compréhension

1. Précise la nature de chaque document de la page 78.
2. Quel événement inattendu conduit à la découverte de la grotte de Lascaux ?
3. Pourquoi Marcel ne peut-il pas suivre son chien ?
4. Que découvrent les quatre garçons dans la grotte ?
5. Qui authentifie les peintures de la grotte ?
6. À quoi sert l'image sur cette page ?
7. Pourquoi la grotte est-elle fermée au public en 1963 ?
8. Comment appelle-t-on la période où les peintures ont été réalisées ?
9. Explique à quoi correspondent les dates -17000, 1940, 1963, 1983 et 2016.

Lexique ▶ Les termes génériques et spécifiques

« … des **fauves** peints sur les parois. »

termes génériques	fauves	armes	céréales
termes spécifiques	lion panthère léopard tigre jaguar puma	arc flèche lance harpon gourdin sagaie	blé orge maïs riz sarrasin seigle

Un terme générique désigne une catégorie d'objets, d'animaux ou de personnes.

Un terme spécifique désigne un élément de cette catégorie.

Les artistes de Lascaux

A

Les parois de la grotte de Lascaux sont ornées d'extraordinaires peintures et gravures d'animaux réalisées par des hommes préhistoriques.

C'est l'un des plus anciens et des plus merveilleux chefs-d'œuvre de l'humanité : il date d'environ 17000 ans avant J.-C. Les animaux sont particulièrement bien dessinés, avec des détails très fins comme les yeux, les sabots, les crinières… Les artistes ont réussi à donner l'impression que ces animaux sont en mouvement.

Qui sont les hommes qui ont peint la grotte ? Les artistes de la grotte de Lascaux sont des hommes comme nous. Ce sont nos ancêtres, que les scientifiques appellent *Homo sapiens*, ce qui signifie « homme qui sait ». Ils ont une très grande connaissance de la nature : ils connaissent très bien les plantes et les animaux. Ils savent préparer les peaux et coudre des vêtements, tailler la pierre pour fabriquer des armes (flèches, lances, harpons) et des outils.

Comment vivent-ils ? Ce sont des cueilleurs-chasseurs. Cela signifie que, pour se nourrir, ils cueillent des fruits et des plantes, et qu'ils chassent et pêchent. Ils ne cultivent pas la terre pour obtenir du blé ou des fruits et ils n'élèvent pas d'animaux. Ce sont des nomades : ils suivent les déplacements des animaux, mais ils reviennent assez régulièrement dans les mêmes endroits.

Où habitent-ils ? Ils n'ont jamais habité dans la grotte de Lascaux. Ils vivaient plutôt sous des tentes couvertes de peaux d'animaux.

Pourquoi ont-ils décoré la grotte de Lascaux ? Les scientifiques pensent que la grotte était un endroit sacré et que ces hommes y organisaient sans doute des cérémonies pour entrer en contact avec les forces mystérieuses de la nature.

B

Toutes sortes d'animaux, comme des bisons ou des chevaux, envahissent les parois de la grotte de Lascaux. Mais on y trouve aussi des signes et des formes abstraites.

C

Les techniques des artistes

Les artistes gravent les parois à l'aide de burins, de silex et de pics.

Pour les couleurs, ils écrasent des pigments naturels (ocre, charbon de bois, fer, argiles…) qu'ils mélangent à de l'eau, des résines végétales…

Ils les appliquent au moyen de pinceaux, de pochoirs, avec les doigts ou en pulvérisant la peinture avec la bouche ou au travers de sarbacanes.

Compréhension

1. Précise la nature de chaque document de la page 80.
2. Compare le document A de la page 80 avec le document A de la page 78. Que remarques-tu ?
3. Que signifie « Homo sapiens » ?
4. Donne quelques exemples de ce que savent faire les *Homo sapiens*.
5. À quoi sert l'image sur cette page ?
6. De quoi vivent les *Homo sapiens* ?
7. Sait-on pourquoi ils ont décoré la grotte de Lascaux ?
8. Décris les trois étapes suivies pour préparer les couleurs et les appliquer sur les parois.

Rédaction ▶ **Désigner un lieu**

Chambord	Notre-Dame de la garde	tour Eiffel

• château • résidence de chasse • construction prestigieuse • « ce joyau de la renaissance »	• basilique • lieu de culte • édifice religieux • emblème de Marseille • « la Bonne Mère »	• tour de fer • construction métallique • symbole de Paris • « la Dame de fer »

Chambord est un château de la Loire.

Cette résidence de chasse a été construite sous François Ier.

Grâce à ce joyau de la Renaissance, François Ier montre son prestige et sa puissance à son rival Charles Quint.

J'utilise des termes génériques ou des expressions synonymes pour définir le sujet et éviter les répétitions dans un texte.

Nîmes la romaine

Occitanie

A

Au IIe siècle avant Jésus-Christ, les Romains conquirent le sud de la Gaule. En 120 avant Jésus-Christ, ils créèrent une colonie, à l'emplacement d'un **oppidum*** gaulois : *Nemausus*, aujourd'hui appelée Nîmes, fut l'une des plus importantes colonies du monde romain. Traversée par la via Domitia, la route qui reliait Rome à l'Espagne, elle était située à un important carrefour commercial et culturel. Elle se développa et connut son apogée au IIe siècle après Jésus-Christ, sous le règne de l'empereur Auguste.

Nîmes fut bâtie d'après le plan habituel d'une ville romaine. Sa population y vivait comme les Romains. Ainsi, comme dans toute ville romaine, on trouvait des rues pavées et des petits immeubles appelés *insulae*, des remparts, des temples, des thermes, un amphithéâtre, un cirque, un théâtre, des fontaines aux carrefours, des latrines, ainsi que des égouts pour évacuer les ordures.

Au premier siècle de notre ère, la ville se développant, les besoins en eau augmentèrent. Les Romains eurent alors l'idée de la puiser dans une source située à cinquante-deux kilomètres de Nîmes. Pour l'acheminer, il fallait construire un aqueduc, comme à Rome, capitale de l'Empire romain. Le pont du Gard en était la partie la plus spectaculaire. Il transporta l'eau jusqu'à Nîmes durant cinq siècles.

***oppidum :**
camp fortifié gaulois, situé en général sur une colline

B

Les Romains à la conquête de la Méditerranée

Rome avait soumis peu à peu les territoires voisins. Au IIIe siècle avant Jésus-Christ, toute l'Italie était sous sa domination. Les Romains s'imposèrent progressivement à l'est et à l'ouest du Bassin méditerranéen par des guerres et des jeux d'alliance.

À la fin du Ier siècle avant Jésus-Christ, Rome, à l'origine modeste cité d'Italie, dominait l'ensemble de la Méditerranée.

C

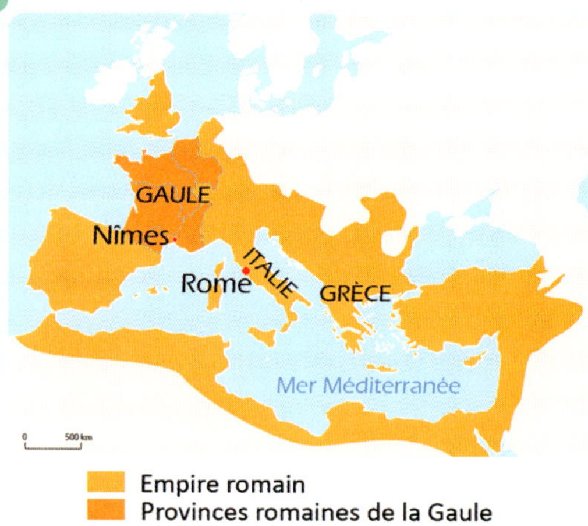

L'empire romain au Ier siècle après Jésus-Christ

Compréhension

1. Précise la nature de chaque document de la page 82.
2. Qui a fondé la ville de Nîmes ?
3. Quelle route les habitants de Nîmes doivent-ils emprunter pour aller à Rome ?
4. Donne quelques exemples des aménagements de la ville de Nîmes.
5. À quoi sert l'image sur cette page ?
6. Pourquoi les besoins en eau augmentent-ils au premier siècle de notre ère ?
7. Quelle est l'idée des Romains pour fournir davantage d'eau ?
8. Que faut-il construire pour amener l'eau ?
9. À quelle époque Rome domine-t-elle l'ensemble de la Méditerranée ?

Lexique ▶ La famille du mot eau et son étymologie

« Pour l'acheminer, il fallait construire un **aqueduc**. »

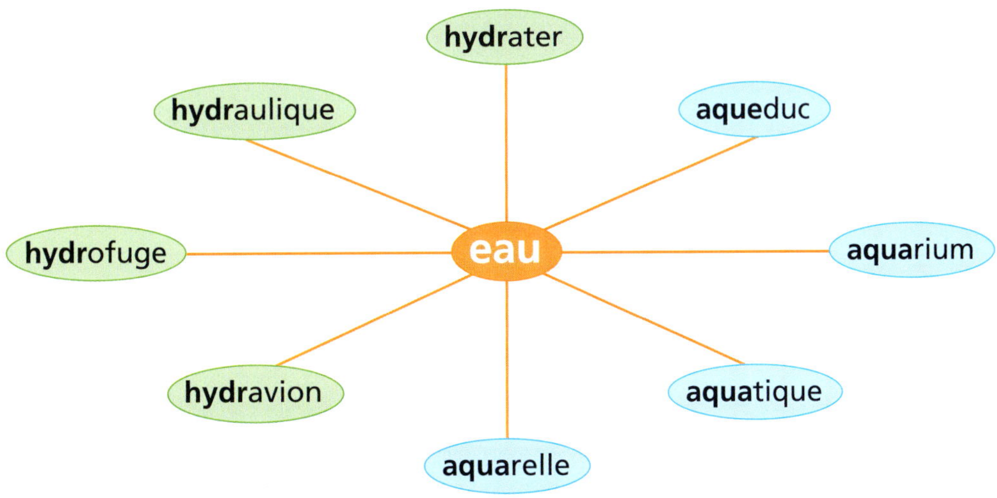

Le mot eau a pour origine latine ***aqua*** et pour origine grecque ***hydr***.

Un chantier monumental

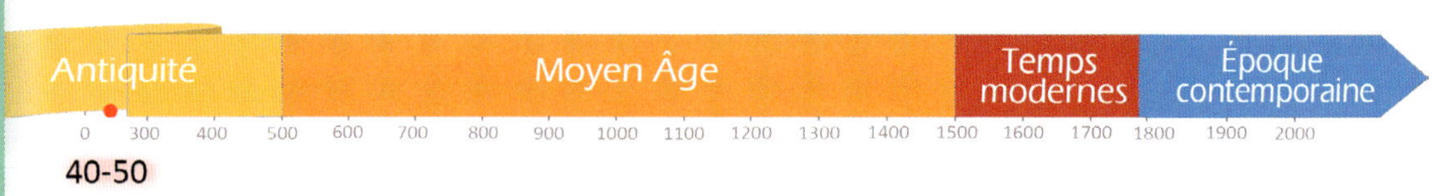

A

Entre 40 et 60 après Jésus-Christ, les Romains durent construire un aqueduc de 52 kilomètres pour fournir la ville de Nîmes en eau. Toutefois, la conduite d'eau rencontrait un obstacle sur son parcours : une rivière nommée le Gardon. Il fallut donc bâtir un pont pour l'enjamber.

Le pont du Gard reste la partie la plus belle et la plus impressionnante de l'aqueduc. Haut de 49 mètres, il est aujourd'hui le plus haut pont-aqueduc du monde romain. Il est aussi le seul pont antique à trois étages encore debout. Sa longueur était à l'origine de 360 mètres ; il en reste aujourd'hui 275 !

Les Romains étaient de très bons ingénieurs. Ils avaient une grande connaissance des matériaux et de leur emploi. Ils excellaient en architecture, l'art de bâtir des édifices. Pour construire le pont du Gard, ils utilisèrent des échafaudages et des éléments de bois arrondis, appelés aussi « cintres », qui servaient à réaliser des arcs ou des voûtes identiques. Pour lever des pierres, les hommes utilisaient une sorte de grue qu'on appelle la « cage d'écureuil ».

D'après les historiens, près d'un millier de personnes travaillèrent sur le chantier colossal du pont du Gard. La construction de cette merveille architecturale ne dura que cinq ans, tandis que l'aqueduc, dans son ensemble, nécessita quinze ans de travaux.

B

C

Le pont du Gard aujourd'hui

Compréhension

1. Précise la nature de chaque document de la page 84.
2. Quelle est la longueur de l'aqueduc et d'où part-il ?
3. À quoi correspond le rectangle rouge sur la carte (document B) ?
4. Quel record détient le pont du Gard ?
5. À quoi servent les images sur cette page ?
6. Comment les Romains ont-ils réalisé les arcs du pont du Gard ?
7. Quel est l'ancêtre de la grue utilisé par les Romains ?
8. En combien d'années le pont du Gard a-t-il été construit ?

Rédaction ▶ Prélever et organiser les informations

Chambord

Situation géographique

- en Sologne, Centre-Val de Loire
- au sein d'un grand domaine forestier

Époque de construction

- à la Renaissance
- sous François Ier
- au XVIe siècle (1519)
- se termine sous Louis XIV

Fonction

- résidence de chasse
- construction à la gloire du roi François Ier

Éléments caractéristiques

- le plus vaste château de la Loire
- l'escalier à double révolution
- les terrasses à l'italienne
- les clochetons
- les pierres en tuffeau sculptées
- l'emblème de la salamandre

Je recherche les **informations essentielles** sur le monument et les organise par rubrique : sa situation géographique, son époque de construction, sa fonction, ses éléments caractéristiques qui présentent un vif intérêt.

La baie du Mont-Saint-Michel

Normandie

A

Le Mont-Saint-Michel est un îlot rocheux qui domine une des plus belles baies du monde.

Située entre la Bretagne et la Normandie, la baie du Mont-Saint-Michel est le théâtre des plus grandes marées d'Europe. Lors des marées les plus importantes, la différence entre basse mer et haute mer (que l'on appelle le marnage) peut être de quatorze mètres, soit la hauteur d'un immeuble de cinq étages !

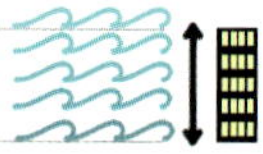

On dit qu'ici la mer monte à la vitesse d'un cheval au galop. C'est un peu exagéré, mais il est vrai que lorsque le courant est fort, la vitesse de la mer dépasse un mètre par seconde ! La zone recouverte puis découverte par la marée (l'estran) s'étend sur 250 km^2 : plus de deux fois la surface de Paris ! Le paysage change complètement à chaque marée, selon que l'îlot rocheux est entouré d'eau ou de sable.

Des rochers de Cancale à l'ouest aux falaises de Granville à l'est, la baie du Mont-Saint-Michel est large de 22 km. Elle est également l'estuaire de trois fleuves : la Sée, la Sélune et le Couesnon.

Elle abrite une centaine d'espèces de poissons, dont des poissons migrateurs comme le saumon ou l'anguille. On y trouve une colonie de phoques veaux-marins partageant les eaux avec des dauphins. Mais c'est aussi le paradis des oiseaux, qu'ils soient migrateurs ou locaux : 134 espèces y vivent, parmi lesquelles l'avocette élégante, le bécasseau maubèche, le faucon pèlerin, le goéland argenté, le héron garde-bœufs et l'aigrette garzette.

B

Le Mont-Saint-Michel

C

La baie du Mont-Saint-Michel

Compréhension

1. Précise la nature de chaque document de la page 86.
2. Pourquoi la baie du Mont-Saint-Michel est-elle un site exceptionnel ?
3. Quelle hauteur le marnage peut-il atteindre ?
4. Quel animal est cité pour décrire la vitesse de la mer qui monte ?
5. À quoi servent les images sur cette page ?
6. À quoi est comparée la zone recouverte par la marée ?
7. Quels sont les deux repères, placés à l'est et à l'ouest, qui délimitent la baie du Mont-Saint-Michel ?
8. Donne quelques exemples des animaux qui vivent dans la baie ou qui y passent.
9. D'après toi, à quoi correspondent les traits bleus sur la carte (document C) ?

Lexique ▶ Les suffixes diminutifs

« Le Mont-Saint-Michel est un **îlot** rocheux. »

-ot	-on	-eau
île • îl**ot**	chat • chat**on**	éléphant • éléphant**eau**
chien • chi**ot**	corde • cord**on**	souris • souric**eau**
merle • merl**ot**	cabane • caban**on**	drap • drap**eau**

-illon	-et	-ette
oiseau • ois**illon**	sac • sach**et**	savon • savonn**ette**
gravier • grav**illon**	livre • livr**et**	fourche • fourch**ette**
porte • port**illon**	porc • porcel**et**	vague • vaguel**ette**

Les suffixes **-ot**, **-on**, **-eau**, **-illon**, **-et**, **-ette** désignent généralement un diminutif : un petit d'animal ou une chose de taille plus réduite.

L'abbaye du Mont-Saint-Michel

A

De modeste église bâtie au VIIIe siècle, le Mont-Saint-Michel devint l'un des plus grands centres de pèlerinage du Moyen-Âge. Mais il fut, ensuite, abbaye, place forte et prison...

La longue histoire du Mont-Saint-Michel commença en 708, lorsque l'évêque Aubert fit élever sur le Mont-Tombe une église en l'honneur de saint Michel, l'archange qui combattit et terrassa le dragon symbolisant le mal. Le village qui accueillit les différents artisans nécessaires à sa construction s'agrandit aux cours du siècle suivant avec les paysans fuyant les raids que les Vikings menaient alors en Normandie.

À partir du Xe siècle, le Mont-Saint-Michel devint un haut lieu de pèlerinage de l'Occident chrétien. C'était alors un des centres de la culture médiévale où un grand nombre de manuscrits furent écrits, conservés et étudiés.

Construite au XIIIe, l'abbaye est aujourd'hui encore considérée comme un chef-d'œuvre de l'art gothique normand. Par la suite, un rempart fut érigé tout autour du bâtiment et du village, transformant le Mont en forteresse.

Véritable défi aux assauts de la nature, le Mont résista aussi aux attaques des hommes. Durant la guerre de Cent Ans, le Mont-Saint-Michel était protégé par sa muraille et défendu par quelques chevaliers fidèles au roi de France. Il résista à l'armée anglaise durant près de trente ans ! Ce fut la seule place forte de Normandie qui échappa aux Anglais.

À la Révolution, le Mont subit une nouvelle transformation : les moines en furent chassés et il devint une prison. Il le resta durant un siècle. L'abbaye fut ainsi sauvée de la destruction, mais elle fut très abîmée.

En 1874, l'abbaye fut classée monument historique. Dès lors, de constants travaux de restauration furent menés, jusqu'à nos jours, afin de lui redonner sa splendeur passée.

Aujourd'hui, le Mont-Saint-Michel est un site touristique très visité en France : chaque année, plus de quatre millions de visiteurs, venus du monde entier, viennent admirer l'îlot !

B

Le cloître de l'abbaye

C

La guerre de Cent Ans

La guerre de Cent Ans est un des plus célèbres conflits du Moyen Âge. Elle oppose les rois de France de la dynastie des Valois aux rois d'Angleterre pour la possession du royaume de France. Cette guerre dure en réalité 116 ans : de 1337 à 1453. Elle se décompose en différentes périodes de batailles séparées par des périodes de trêves.

Compréhension

1. Précise la nature de chaque document de la page 88.
2. Qui a fait construire une église en l'honneur de saint Michel ?
3. Qui était saint Michel ?
4. À quoi sert l'image sur cette page ?
5. D'après toi, pourquoi a-t-on construit un rempart autour de l'abbaye et du village ?
6. Quels sont les deux adversaires qui se combattent dans la guerre de Cent Ans ?
7. Qu'est devenu le Mont-Saint-Michel à la Révolution (en 1789) ?
8. Qu'est devenu le Mont-Saint-Michel aujourd'hui ?

Rédaction ▶ Relier les informations

• Chambord est un château de la Loire.

Chambord est le plus vaste de tous les châteaux situés au bord de ce fleuve.

→ Chambord est le château de la Loire le plus vaste de tous ceux situés au bord de ce fleuve.

• Il a été construit à partir de 1519 à la demande du roi François Ier.

Cette résidence de chasse est construite à sa gloire.

→ Cette résidence de chasse a été construite à la gloire du roi François Ier à partir de 1519.

Pour éviter les répétitions et bien organiser mon texte, je **relie** ⟷ dans une même phrase les informations qui ont un point commun.

Rédaction ▶ Écrire un texte informatif

J'observe

Chambord est le château de la Loire le plus vaste de tous ceux situés au bord de ce fleuve. L'édifice royal se situe en Sologne, au cœur d'un grand domaine forestier.

Cette résidence de chasse a été construite à partir de 1519 à la gloire du roi François Ier au début de la Renaissance. Ce joyau de la Renaissance impressionne son rival, l'empereur Charles Quint, invité à y séjourner.

À Chambord, on peut admirer : l'escalier à double révolution imaginé par Léonard de Vinci, les terrasses à l'italienne, les nombreux clochetons qui ornent la toiture, et les pierres de tuffeau sculptées. Parmi elles, nous retrouvons la salamandre, l'emblème du roi François Ier.

J'écris ▷ **J'écris un texte informatif sur un monument :**

- Je désigne le lieu avec un terme générique ou des expressions synonymes.
- J'indique sa situation géographique.
- Je précise sa date ou son époque de construction.
- Je mentionne sa fonction principale.
- J'indique ses éléments caractéristiques.
- Je relie les informations quand cela est possible.

J'apprends un poème

La cathédrale

La haute cathédrale est grise, presque noire,
Et découpe un profil austère[1] sur les cieux.
Une voix vague sort des blocs silencieux :
Dans leur langue gothique ils nous disent de croire.

C'est le reflet et c'est la vibrante mémoire
Des âges d'autrefois sauvages et pieux[2].
On sent qu'en ce grand corps est l'âme des aïeux[3],
Et cela vous émeut comme une vieille histoire.

Avez-vous remarqué cette forme des tours,
Qui montent, et qui vont diminuant toujours,
Pour porter le plus haut possible la prière ?

Que vous croyiez ou non, vous ne souriez pas
De voir ces murs géants, semblables à des bras,
Tendre vers le Seigneur leurs sombres mains de pierre.

Albert Mérat, *Les Chimères*, 1866

1 **austère :** d'un aspect sévère
2 **pieux :** très croyant et pratiquant sa religion
3 **aïeux :** ancêtres

La Cathédrale de Reims

La cathédrale à travers l'histoire

Grand Est

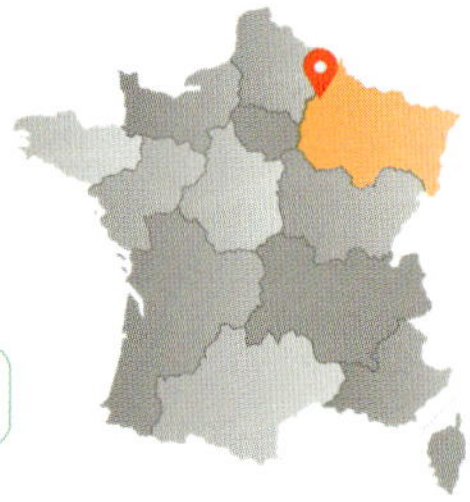

A

Notre-Dame de Reims est un lieu important de l'histoire de notre pays : presque tous les rois de France y furent consacrés. Reims était « la cité des rois ».

Au Vᵉ siècle, une première cathédrale fut construite à Reims sur d'anciens thermes gallo-romains. Clovis, le roi des Francs (un peuple qui vivait dans le nord de la Gaule) avait pris pour reine une chrétienne du nom de Clotilde. Celle-ci voulut que Clovis devienne chrétien lui aussi. Comme le peuple obéissait aux évêques, Clovis se dit qu'il deviendrait plus puissant et plus respecté s'il acceptait. C'est pourquoi il décida de se faire baptiser avec ses 3 000 guerriers à Reims le jour de Noël 496. Il fut ainsi le premier roi chrétien.

En 816, Louis Iᵉʳ le Pieux, fils de Charlemagne est le premier roi français à être couronné dans la cathédrale dans laquelle Clovis était devenu chrétien. Dans les années qui suivirent, le bâtiment, jugé trop petit et en mauvais état, fut en grande partie reconstruit, puis agrandi et embelli.

Il fut malheureusement détruit dans un énorme incendie au début du XIIIᵉ siècle.

Un an après cet incendie destructeur, en 1211, l'archevêque de Reims Albéric de Humbert posa la première pierre de la nouvelle cathédrale. Les travaux allaient durer deux siècles pour donner le magnifique bâtiment que nous connaissons aujourd'hui.

Pendant la guerre de Cent Ans, Jeanne d'Arc, une jeune bergère qui voulait chasser les anglais hors de France, accompagna le roi Charles VII pour qu'il y soit sacré. Elle restaura ainsi la confiance des Français en leur roi.

B

La cathédrale de Reims

C

Le baptême de Clovis, galerie des rois

Compréhension

1. Précise la nature de chaque document de la page 92.
2. Pourquoi la cathédrale de Reims est-elle un lieu important de l'histoire de la France ?
3. Pourquoi Clovis décide-t-il de se faire baptiser ?
4. À quelle date a lieu le baptême de Clovis ?
5. À quoi servent les images sur cette page ?
6. Que se passe-t-il en l'an 816 ?
7. En quelle année la cathédrale de Reims a-t-elle brûlé ?
8. Combien de temps faut-il pour reconstruire la cathédrale de Reims ?
9. Comment se nomme la bergère qui devient chef de guerre ?

Lexique ▶ Les préfixes en-, em-, in-, im-

« Le bâtiment fut […] **embelli**. »

mettre dedans	rendre plus
enfermer • interner	embellir
encercler • inclure	empirer
enfoncer • insérer	embêter
enrhumer • incuber	enlaidir
embaucher • intégrer	enrichir
infuser • imbiber	endurcir
emprisonner • incarcérer	enchérir

J'enferme le bijou dans le coffret. → Je mets le bijou dans le coffret.

J'enrichis la terre de mon jardin. → Je rends plus riche la terre de mon jardin.

La Cathédrale de Reims

Notre-Dame de Reims, joyau gothique

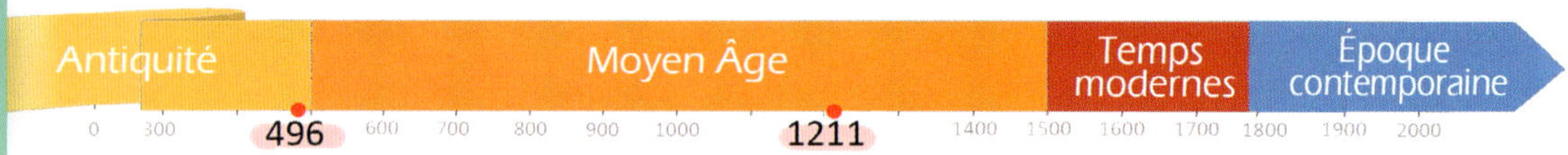

A

Au début du Moyen Âge, les édifices religieux sont construits dans le style roman. L'architecture gothique est née au XIIe siècle. Elle se distingue de l'architecture romane par la forme de la voûte qui n'est plus ronde, mais presque pointue à son sommet : c'est l'arc brisé.

À cette époque du Moyen Âge, les villes s'enrichissent grâce au commerce, aussi on y construit des cathédrales de plus en plus hautes. Les architectes trouvent alors des techniques mieux adaptées : l'**arc brisé** et l'**arc-boutant**. Grâce à l'arc brisé, la voûte est plus solide et ne s'effondre pas sous son propre poids. En plaçant des arcs-boutants pour soutenir les contreforts, on en augmente la solidité. Comme le poids de la voûte ne pèse plus sur le mur entier, mais seulement sur des parties renforcées, on peut alléger les murs ; ils sont plus minces. Les fenêtres sont plus grandes, plus nombreuses, ornées de magnifiques vitraux colorés. Le résultat est à la fois plus imposant et plus délicat.

B

Les statues

La cathédrale de Reims est particulièrement connue pour ses 2 303 statues. C'est l'édifice religieux qui dispose du plus grand nombre de statues en Europe. La plus connue d'entre elles s'appelle l'*ange au sourire*. Celui-ci, situé sur le portail nord de la façade de la cathédrale, perdit la tête lors de l'incendie provoqué par les bombardements allemands en 1914 : en tombant, une poutre décapita l'ange ; la tête se brisa sur le sol. On crut la statue perdue. Un abbé ramassa la tête en morceaux et la mit à l'abri. À partir de ces fragments et d'un moulage plus ancien, elle put être reconstituée quelques années plus tard. Et l'ange retrouva son sourire, douze ans après l'avoir perdu !

C

Les vitraux

Les vitraux permettent à la lumière d'entrer dans l'édifice religieux.

Au Moyen Âge, ils ont une autre fonction, tout aussi importante : ils décrivent et racontent des histoires. En représentant les scènes importantes de la Bible, ils participent à l'éducation religieuse de la population, qui ne sait pas lire.

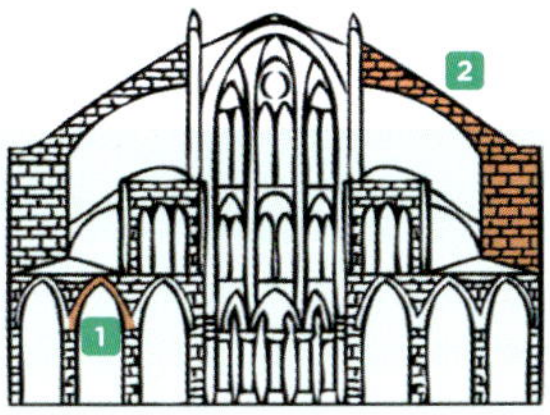

1 arc brisé
2 arc-boutant

Compréhension

1. Précise la nature de chaque document des pages 94 et 95.
2. Quelle architecture vient après l'architecture romane ?
3. Cite deux techniques développées par l'architecture gothique.
4. À ton avis, quel intérêt présentent les fenêtres plus grandes ?
5. À quoi servent les images sur cette page ?
6. Quelle est la fonction des vitraux pour les personnes qui ne savent pas lire ?
7. Pour quoi la cathédrale est-elle particulièrement connue ?
8. Qu'est-il arrivé à l'*ange au sourire* en 1914 ?
9. Comment a-t-on pu reconstituer la tête de l'ange ?

Rédaction ▶ Ajouter des indications de temps

Notre visite a commencé sur le parvis de la cathédrale.

Tout d'abord, la guide nous a fait observer les nombreuses statues sur les façades et nous a dévoilé leur signification. Après cela, nous sommes entrés à l'intérieur de l'enceinte et avons contemplé sa grandeur et sa hauteur. Ensuite, nous avons parcouru les allées en écoutant les explications sur les vitraux.

À la fin de la visite, nous avons emprunté des escaliers étroits qui nous ont menés jusqu'au clocher de la cathédrale !

Pour mieux comprendre le déroulement des événements, j'**ajoute** + des indications de temps dans mon texte : *tout d'abord*, *ensuite*, *à la fin de la visite*...

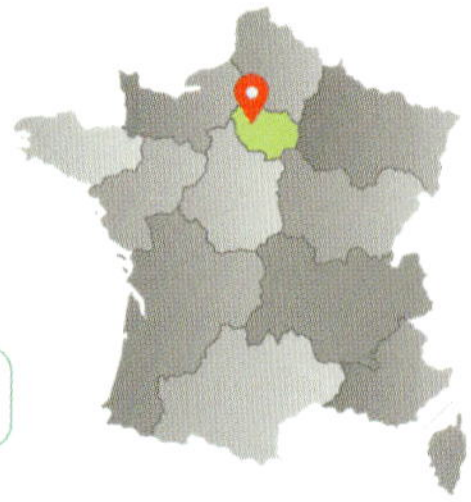

Le château du Roi-Soleil

Île-de-France

A

Pendant longtemps, le roi de France n'avait pas de résidence fixe. Selon les saisons, il allait dans l'un de ses châteaux à Paris, à Vincennes ou à Fontainebleau, par exemple. La cour et le gouvernement le suivaient là où il allait.

Devenu roi en 1643, alors qu'il n'avait que quatre ans et demi, Louis XIV ne commença à gouverner lui-même qu'en 1661. Il s'entoura alors de ministres. Ces derniers travaillaient avec des secrétaires et d'autres fonctionnaires. Ils avaient besoin de beaucoup de documents. Il devint alors très compliqué de déménager souvent : l'idée d'une résidence permanente s'imposa.

Louis XIV n'aimait pas Paris, mais il appréciait le pavillon de chasse que son père avait fait construire à Versailles. Il décida donc de s'y installer.

Cependant, le château du Roi-Soleil devait être magnifique : ce serait le symbole de son pouvoir. Les travaux de construction du palais, très coûteux, durèrent presque cinquante ans ! Bien entendu, la Cour n'en attendit pas la fin pour s'installer définitivement à Versailles, en 1682. Durant des années, elle vécut en permanence dans les travaux. À certaines périodes, il y eut jusqu'à 36 000 ouvriers à Versailles ! Et le château finit par compter neuf cents pièces, toutes décorées de marbre, de dorures, de tableaux célèbres, de tapisseries…

B

Le château vu depuis les jardins

C

Les jardins de Versailles

Autour du château, la nature fut transformée et modelée : la petite colline sur laquelle s'élevait le pavillon de chasse de Louis XIII fut agrandie en y ajoutant de la terre. Les marécages furent asséchés pour fournir le terrain nécessaire aux jardins. Une colline fut éventrée pour creuser le Grand Canal. Enfin, un immense réseau de canalisations et d'aqueducs parcourant toute la région fut construit pour apporter l'eau nécessaire aux centaines de fontaines.

Au XVIIe siècle, les techniques pour faire circuler l'eau avaient peu progressé depuis l'empire romain. Les jardins de Versailles étaient un véritable défi lancé aux ingénieurs de l'époque. Le Roi-Soleil fit appel aux ingénieurs de toute l'Europe afin d'acheminer les eaux de la Seine, cent-cinquante mètres plus haut, jusque dans les jardins de Versailles. Pompes, aqueducs, réservoirs, barrages… Les recherches et les travaux durèrent trente-deux ans !

Compréhension

1. Précise la nature de chaque document de la page 96.
2. À quel âge Louis XIV commence-t-il à gouverner seul son royaume ?
3. Où Louis XIV décide-t-il d'installer sa résidence permanente ?
4. À quel âge Louis XIV s'installe-t-il au château de Versailles ?
5. À quoi sert l'image sur cette page ?
6. Donne quelques exemples de décorations des neuf-cents pièces du Château de Versailles.
7. Quelle ressource naturelle est manquante pour alimenter les fontaines ?
8. Quelles constructions sont nécessaires pour amener l'eau de la Seine jusqu'au château de Versailles ?
9. Combien d'années la construction du château dure-t-elle ? Et l'aménagement des jardins ?

Lexique ▶ Les noms féminins en -ure

« … toutes décorées de marbre, de **dorures**… »

une action ou son résultat	un objet	un ensemble
• déchirer ↳ une déchirure	• couvrir ↳ une couverture	• le toit ↳ la toiture
• brûler ↳ une brûlure	• ceindre ↳ une ceinture	• le cheveu ↳ la chevelure
• écorcher ↳ une écorchure	• peindre ↳ une peinture	• une arme ↳ une armure
• ouvrir ↳ une ouverture	• sculpter ↳ une sculpture	• la dent ↳ la denture
• rater ↳ une rature	• dorer ↳ une dorure	• la voile ↳ la voilure
• lire ↳ la lecture	• border ↳ une bordure	• un os ↳ une ossature

Le Château de Versailles

La vie au château sous Louis XIV

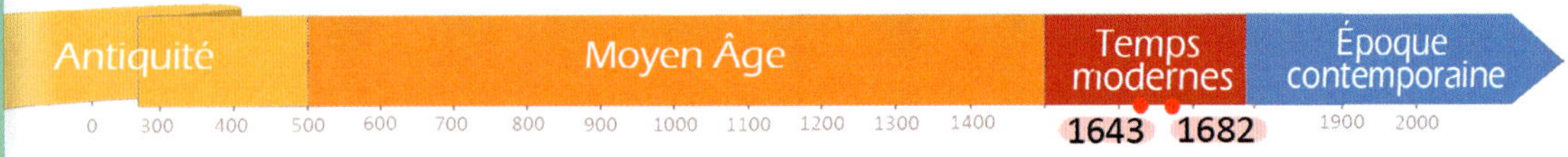

A

Louis XIV a des ministres de grande valeur, comme Colbert, et d'excellents soldats, comme Turenne, mais il ne veut pas partager son pouvoir avec un Premier ministre. C'est donc un monarque absolu. C'est aussi un roi prudent : pour éviter que les nobles complotent contre lui, il garde auprès de lui toute la cour : la famille royale, les courtisans et le personnel chargé de les servir. En tout, ce sont des milliers de personnes qui se rencontrent à Versailles chaque jour.

De son lever à son coucher, Louis XIV est le Roi-Soleil. Chaque moment de sa vie est une cérémonie minutieusement organisée.

« Sire, voilà l'heure. » Le Premier valet de chambre réveille le Roi-Soleil à **huit heures et demie**. Commence le rituel de petit lever, durant lequel le roi est lavé, peigné et rasé. Puis c'est le grand lever : le roi est habillé et déjeune. Seuls les plus importants personnages de la cour et les plus proches domestiques royaux peuvent assister à ces rituels. Cela fait tout de même une centaine de personnes !

Dix heures. Le roi sort de son appartement, suivi de ses courtisans. Celui-ci se rend à la Chapelle royale pour assister à la messe. La foule massée sur son passage peut enfin apercevoir le Roi-Soleil.

À **onze heures**, Louis XIV travaille avec ses ministres dans son cabinet. Puis il déjeune dans sa chambre, assis seul à une table dressée face aux fenêtres. Enfin… pas tout à fait seul : le roi y admet souvent les hommes de la cour.

Après le déjeuner, il prend un peu de repos, soit en se promenant dans ses jardins, soit en chassant. Puis il travaille de nouveau, signe les nombreuses lettres préparées par son secrétaire, lit un dossier important…

Vingt-deux heures. Il y a foule dans l'antichambre de l'appartement du roi. C'est le moment du souper au « grand couvert ». Le roi est à table, entouré des membres de la famille royale. Après le repas, il s'installe dans son cabinet avec sa famille et ses proches.

À **vingt-trois heures trente**, le Roi-Soleil se retire dans sa chambre. C'est le grand coucher, puis le petit coucher, rituel qui se déroule à l'inverse de la cérémonie du lever.

B

Les courtisans

Les courtisans sont généralement des nobles. Cependant, certains courtisans le sont devenus grâce à une distinction accordée par le roi. Ils ont le devoir d'être toujours disponibles pour le roi. En contrepartie, ils ont des privilèges, comme celui d'être invités aux fêtes royales.

Compréhension

1. Précise la nature de chaque document de la page 98.
2. Pourquoi dit-on de Louis XIV qu'il est un monarque absolu ?
3. Pour quelle raison Louis XIV garde-t-il la cour près de lui à Versailles ?
4. Peut-on devenir courtisan sans être un noble ?
5. Quel emblème Louis XIV a-t-il choisi ?
6. À quoi servent les images sur cette page ?
7. Cite quatre moments qui rythment la matinée du Roi-Soleil.
8. Comment le roi se repose-t-il ?
9. Cite trois moments qui rythment la soirée du Roi-Soleil après vingt-deux heures.

Rédaction ▶ Raconter un fait marquant, une anecdote

Versailles est le lieu de tous les records : près de 36 000 ouvriers ont œuvré à la construction du chantier. Le bâtiment ne comprenait pas moins de 3 000 pièces, 2 068 fenêtres, 121 cheminées et 50 escaliers !

Lors de notre visite à Versailles, le guide nous a raconté que Louis XVI avait les ongles noirs. En effet, comme il était curieux et s'intéressait au monde qui l'entourait, il aimait aller à la forge du château où il menait des expériences dans différents domaines : la mécanique, l'horlogerie, la serrurerie et la chimie.

Voilà pourquoi il lui était difficile de garder les ongles et les mains propres !

Pour susciter l'intérêt du lecteur, j'indique des chiffres, je raconte un fait marquant ou une anecdote que j'ai retenue durant ma visite.

Un monument pour l'Exposition universelle

Île-de-France

A

L'Exposition universelle de 1889 à Paris célèbre le centenaire de la Révolution française et le génie français. À cette occasion, un grand concours est lancé : il s'agit de proposer un plan de construction d'une tour de fer de 300 mètres de hauteur. 107 projets sont proposés. C'est celui de l'entreprise de Gustave Eiffel qui est retenu. Les deux principaux ingénieurs de l'entreprise, Émile Nouguier et Maurice Koechlin, ont l'idée d'une tour formée de quatre poutres écartées à la base et se rejoignant au sommet, liées entre elles par des poutres métalliques horizontales. Pour régler le problème de la résistance à l'air, les ingénieurs trouvent une solution simple et efficace : une structure qui laisse passer le vent !

La construction commence en janvier 1887. Tous les éléments sont préparés à l'usine de l'entreprise Eiffel. Chaque pièce est tracée très précisément, puis assemblée par éléments de cinq mètres. Sur le site, une équipe de 150 à 300 ouvriers monte ce gigantesque meccano.

La tour est montée à l'aide d'échafaudages en bois et de petites grues à vapeur fixées sur la tour elle-même. Le montage du premier étage est réalisé à l'aide de douze échafaudages de 30 mètres de hauteur, puis de quatre grands échafaudages de 45 mètres. Pour travailler sur ce chantier tout en hauteur, il ne faut pas craindre le vertige !

Il n'a fallu que cinq mois pour construire les fondations et vingt-et-un mois pour monter la partie métallique.

Le 31 mars 1889, la Dame de fer est achevée. Du haut de ses 312 mètres, elle reste « la plus haute structure du monde » pendant 41 ans, jusqu'à la construction du Chrysler Building (319 mètres), à New York.

B

La tour Eiffel c'est :

18 038 **pièces métalliques**

5 300 **dessins d'atelier**

7 300 **tonnes de fer**

60 **tonnes de peinture**

5 **ascenseurs**

3 **étages**

7 millions **de visiteurs par an**

C

Les expositions universelles

La première Exposition universelle a eu lieu à Londres en 1885 : le Royaume-Uni voulait montrer au monde la puissance de son industrie.

Les expositions ont lieu chaque fois dans un pays différent, au moins tous les cinq ans. Le but des pays participants est de montrer leurs meilleures idées en matière d'industrie et de technologie.

Exposition universelle de 2020 à Dubaï

Compréhension

1. Précise la nature de chaque document de la page 100.
2. En quoi le concours lancé en 1889 consiste-t-il ?
3. Quelle est l'idée des deux ingénieurs de Gustave Eiffel ?
4. Combien de pièces métalliques a-t-il fallu assembler ?
5. À quoi sert l'image sur cette page ?
6. Cite deux moyens techniques utilisés pour construire les étages.
7. Combien de temps a-t-il fallu pour construire la tour Eiffel ?
8. Quelle construction dépasse en hauteur la tour Eiffel ?
9. Dans quel but les expositions universelles sont-elles organisées ?

Lexique ▶ Les mots-clés commencer et finir

« La construction **commence** en janvier 1887. »

« Le 31 mars 1889, la Dame de fer est **achevée**. »

	COMMENCER	FINIR
noms	journée • soirée • nuit • période • saison • récolte • travail • repas • plat • partie • jeu • match • compétition • histoire • construction • chantier • spectacle • leçon • discours • réunion • discussion • segment	
synonymes	• débuter • entamer • démarrer • introduire • initialiser • ouvrir	• terminer • achever • arrêter • conclure • finaliser • clôturer
famille de mots	→ commencement • recommencement → entame • début • démarrage → ouverture • introduction → initialisation • initial • initialement	→ fin • enfin • finition • final • finale • finalement • définir • infini • infiniment → terminer • terminaison • terminus • terminal → fermeture • conclusion • clôture

La Tour Eiffel

La Dame de fer, symbole de la France

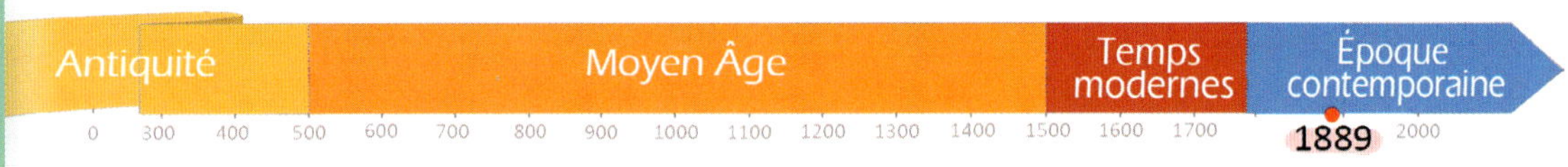

A

130 ans après son inauguration, la Dame de fer est encore là, trônant au centre de la capitale. Pourtant, elle était destinée à être démolie après l'Exposition universelle de 1889, comme les autres édifices construits pour l'occasion. Gustave Eiffel la sauva définitivement en la mettant à la disposition de la science. La tour devint un poste d'observation météorologique et astronomique, d'expériences de physique, d'étude des vents et de communication (télégraphe, radio, télévision...).

Sa silhouette unique au monde se découpant dans le ciel parisien, la Dame de fer est rapidement devenue le symbole de la ville de Paris, puis de la France.

Le phare de Paris

Tous les soirs, à la tombée de la nuit, la tour Eiffel s'illumine de jaune. Elle scintille cinq minutes au début de chaque heure, tandis que le rayon lumineux de son phare balaie Paris. Cependant, les occasions de la voir parée d'autres couleurs sont nombreuses. Chaque 14 juillet, le feu d'artifice de la Fête nationale est tiré depuis la tour et en fait la vedette de l'événement. On l'a vue aussi illuminée en bleu en honneur de l'Europe. En rouge pour célébrer la Chine. En vert à l'occasion de la Coupe du monde de rugby. Ou encore en bleu, blanc, rouge pour fêter la victoire de l'équipe de France de football !

B

En 1887, 47 artistes signèrent une lettre de protestation contre la construction de la tour : *Nous venons, écrivains, peintres, sculpteurs, architectes, amateurs passionnés de la beauté jusqu'ici intacte de Paris, protester de toutes nos forces [...], au nom de l'art et de l'histoire français menacés, contre l'érection, en plein cœur de notre capitale, de l'inutile et monstrueuse tour Eiffel.*

Lettre publiée le 14 février 1887 dans le quotidien Le Temps.

Gustave Eiffel prit bien sûr la défense de son projet : *Je crois, pour ma part, que la tour aura sa beauté propre. [...] Soutiendra-t-on que c'est par leur valeur artistique que les pyramides ont si fortement frappé l'imagination des hommes ? [...] Et pourtant, quel visiteur reste froid en leur présence ? Qui n'en est pas revenu rempli d'une irrésistible admiration ? Et quelle est cette source d'admiration sinon l'immensité de l'effort et la grandeur du résultat ? Ce qui est admirable en Égypte deviendrait-il hideux et ridicule à Paris ?...*

Réponse de Gustave Eiffel publiée dans Le Temps.

Compréhension

1. Précise la nature de chaque document de la page 102.
2. Comment Gustave Eiffel sauve-t-il sa tour ?
3. Que représente la tour Eiffel pour la France ?
4. Pourquoi la tour Eiffel est-elle appelée « le phare de Paris » ?
5. À quoi sert l'image sur cette page ?
6. Pour quel motif les 47 artistes rédigent-ils une lettre de protestation ?
7. À quel monument célèbre Gustave Eiffel compare-t-il sa tour lorsqu'il défend son projet ?
8. Selon son constructeur, pour quelles raisons la tour Eiffel sera-t-elle admirée ?

Rédaction ▶ Formuler un avis

👍	👎
• agréable • formidable • magnifique • intéressante • amusante • enrichissante • extraordinaire	• désagréable • banale • décevante • ennuyeuse • inintéressante • fatigante • inutile

Cette visite était formidable !

Ce que j'ai préféré, c'est le moment où nous avons pris l'ascenseur pour monter au sommet de la tour. Avec mes amis, nous avions le vertige mais j'étais heureux de voir l'étendue de la ville et de reconnaître des monuments célèbres.

Je donne mon avis sur la visite et je le justifie en indiquant le moment que j'ai préféré, ou moins aimé, et je précise pourquoi.

La découverte du continent blanc

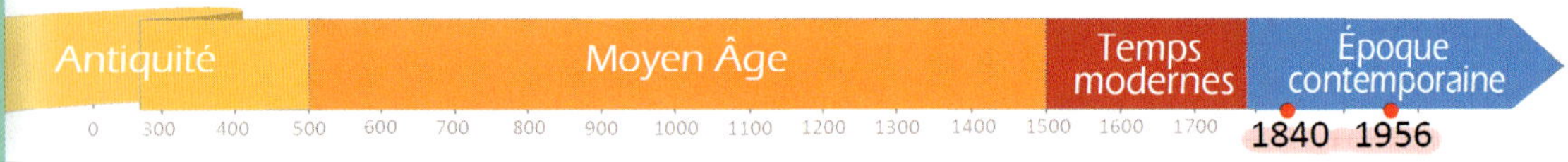

A

Au XVIIIe siècle, à l'époque des grandes navigations, beaucoup imaginent que le continent austral est un paradis sur terre, riche et luxuriant. Mais quand l'explorateur britannique James Cook traverse pour la première fois le cercle polaire et qu'il se heurte à la banquise et aux icebergs, il doit se rendre à l'évidence : cette terre n'a rien d'un éden !

Au XIXe siècle, Jules Dumont d'Urville, officier de marine et explorateur français, participe à plusieurs voyages d'exploration scientifiques. En 1837, il entreprend à bord de l'Astrolabe la première expédition française dans les régions de l'océan antarctique. Il explore les mers australes. Il s'approche du pôle antarctique en affrontant des vents terribles et de gigantesques icebergs. En janvier 1840, il sillonne un espace maritime sur lequel jusqu'alors aucun navire n'avait navigué. Après plusieurs jours de navigation, une immense côte apparaît à l'horizon, couverte de glace et de neige.

C'est le continent antarctique ! Dumont d'Urville et une partie de son équipage mettent pied sur cette terre nouvelle, et y plantent le drapeau français. L'explorateur nomme cette partie du continent terre Adélie, du prénom de sa femme Adèle.

B

Entre la fin du XIXe et le début du XXe siècle, plusieurs expéditions se succèdent pour explorer la terre couverte de glace.

En 1950, une première station hivernale est créée : c'est la base de Port-Martin. De nombreuses études scientifiques y sont réalisées, entre autres sur le manchot empereur. La station actuelle, la base Dumont d'Urville, est construite en 1956 pour remplacer la base de Port-Martin, détruite par un incendie en 1952.

La terre Adélie est aujourd'hui un lieu de recherches scientifiques qui renforce le prestige international de la France.

C

Scientifiques en Terre Adélie

Compréhension

1. Précise la nature de chaque document de la page 104.
2. Quel explorateur traverse pour la première fois le cercle polaire ?
3. Quel continent Jules Dumont d'Urville découvre-t-il en janvier 1840 ?
4. Pourquoi donne-t-il le nom de « terre Adélie » au territoire sur lequel il débarque ?
5. À quoi servent les images sur cette page ?
6. Quelles études mène-t-on à la base de Port-Martin ?
7. Pourquoi a-t-on remplacé la base de Port-Martin ?
8. Comment le prestige international de la France se renforce-t-il ?

Lexique ▶ Les noms en -tion, les verbes en -tionner

« … à l'époque des grandes **navigations**. »

noms en -tion	verbes en -tionner
• naviguer ↳ la navigation	• l'action ↳ actionner
• explorer ↳ l'exploration	• l'addition ↳ additionner
• expédier ↳ une expédition	• la fonction ↳ fonctionner
• habiter ↳ une habitation	• l'ovation ↳ ovationner
• inventer ↳ une invention	• la question ↳ questionner
• répéter ↳ une répétition	• la réception ↳ réceptionner
• appliquer ↳ l'application	• la station ↳ stationner

Je vais répéter.
↳ Je vais à la répétition.

Je pose une addition.
↳ J'additionne.

Terre Adélie

Une terre de science

Antarctique

A

Contrairement à l'Arctique qui est une mer entourée de continents, l'Antarctique est un continent recouvert d'une calotte de glace. Accumulée au fil des millénaires, cette glace est, par endroits, épaisse de plus de quatre kilomètres ! C'est un immense désert blanc. Les températures, les plus froides de la Terre, peuvent descendre jusqu'à – 98 °C. Le vent peut souffler à plus de 300 kilomètres-heure. Il n'y pleut quasiment jamais. Ces conditions extrêmes ont empêché toute civilisation de s'y installer.

Aucun mammifère terrestre ne vit en Antarctique. Mais c'est ici que vient se reproduire le manchot empereur. On y trouve beaucoup d'oiseaux, et des mammifères marins tels que le phoque de Wendell, le léopard de mer ou l'orque épaulard.

La terre Adélie est une portion à l'est du continent Antarctique. C'est un territoire français d'Outre-mer et des Terres australes et antarctiques françaises. Sa superficie est de 422 000 km² et sa population est composée uniquement des scientifiques qui y travaillent.

B

La vie dans la base Dumont d'Urville

Cinq fois par an, le navire brise-glace approvisionne la base scientifique Dumont d'Urville. Il apporte des vivres, du matériel et du carburant. À son bord, des scientifiques et des techniciens découvrent l'environnement dans lequel ils vont vivre plusieurs mois de suite.

Sur la base, en hiver, il y a entre vingt et trente habitants, dont un cuisinier et un pâtissier, une équipe technique (un menuisier, un mécanicien, un plombier, etc.), une équipe scientifique, l'équipe de la station météo, un médecin... Cependant, tout le monde participe aussi bien aux tâches quotidiennes qu'à la recherche scientifique !

L'Antarctique est une région du monde privilégiée pour la science. Des scientifiques y étudient les populations animales. D'autres y font des recherches pour l'astronomie (la science qui étudie les astres). Pendant l'hiver austral, on peut aussi y observer de magnifiques aurores australes.

C

Les aurores polaires

Le Soleil envoie des particules qui sont attirées comme des aimants par les pôles de la Terre. Grâce à un phénomène chimique, cela crée de la lumière : dans le ciel nocturne, apparaissent des sortes de voiles lumineux et colorés. Ce sont les aurores polaires, appelées aurores boréales dans l'hémisphère Nord et aurores australes dans l'hémisphère Sud.

Compréhension

1. Précise la nature de chaque document de la page 106.
2. Quelle est la différence entre l'Arctique et l'Antarctique ?
3. Pourquoi aucune civilisation ne s'est-elle installée en Antarctique ?
4. Donne quelques exemples de mammifères marins cités dans le texte.
5. Sur la carte, la partie orange représente la terre Adélie. Que peux-tu dire de sa superficie ?
6. À quoi servent les images sur cette page ?
7. Quelles sortes de recherches scientifiques sont menées à la base Dumont d'Urville ?
8. Dans quel hémisphère l'Antarctique se situe-t-il ?
9. À quoi les aurores australes sont-elles comparées ?

Rédaction ▶ Employer le deux-points

L'Arctique est un immense désert blanc : les températures peuvent descendre jusqu'à –98 °C.

J'utilise le deux-points : pour introduire une explication.

Entre vingt et trente habitants vivent sur la base Dumont d'Urville : un cuisinier, un pâtissier, un menuisier, un mécanicien, un plombier, des scientifiques, des météorologues, un médecin… (liste ouverte)
et un médecin. (liste fermée)

J'utilise le deux-points : pour introduire une explication, justifier une affirmation, ou énumérer les éléments d'une liste. Je sépare les éléments par la virgule ,.

Pour une liste ouverte, je termine la phrase par les points de suspension ….

Pour une liste fermée, je termine la phrase avec le mot *et*.

Rédaction ▶ Écrire à partir des mots commencer et finir

Étape 1 ▷ J'écris deux phrases.

• Je rédige une phrase sur le début, une autre sur la fin d'une sortie ou d'une visite vécue à l'école ou en famille.

début Notre visite a commencé au Vieux Port.

fin Elle s'est achevée par les calanques.

Étape 2 ▷ Je construis un compte rendu

• Quelles sont les étapes qui ont marqué cette sortie ou visite ?

• Quels sont les chiffres, les faits marquants, l'anecdote que je souhaite rapporter ?

• Quels sont mon avis, mes impressions ? Mon moment préféré ?

Étape 3 ▷ J'écris mon texte.

Notre visite a commencé au Vieux Port de Marseille. Tout d'abord, nous avons pris le bateau en direction de l'île d'If. À notre arrivée, un guide nous a expliqué la fonction de cette forteresse : François Ier voulait protéger la ville des invasions. Ensuite, nous avons parcouru les terrasses, les galeries et les pièces du château. Puis nous sommes montés au sommet de la tour Saint-Christophe. Nous avons compris que la forteresse est devenue une prison dont il était impossible de s'échapper.
Après le déjeuner, nous avons fait le tour de l'île. La journée s'est achevée par un tour de bateau durant lequel nous avons pu admirer les calanques de Marseille. Cette sortie était enrichissante, car j'ai appris de nouvelles connaissances historiques. Mon moment préféré, c'est lorsque le guide a fait semblant de nous emprisonner dans l'une des cellules, tel le comte de Monte-Cristo.

• J'ajoute des indications de temps pour mieux suivre le déroulement de la visite.

• Je raconte un fait marquant, une anecdote pour susciter l'intérêt du lecteur.

• Je formule un avis argumenté et indique mon moment préféré.

• J'utilise si besoin le deux-points : pour donner une explication, justifier une affirmation ou introduire une liste.

J'apprends un poème

Versailles

Ô Versailles, par cette après-midi fanée[1],
Pourquoi ton souvenir m'obsède-t-il ainsi ?
Les ardeurs[2] de l'été s'éloignent, et voici
Que s'incline vers nous la saison surannée[3].

Je veux revoir au long d'une calme journée
Tes eaux glauques[4] que jonche[5] un feuillage roussi,
Et respirer encore, un soir d'or adouci,
Ta beauté plus touchante au déclin de l'année.

Voici tes ifs[6] en cône et tes tritons[7] joufflus,
Tes jardins composés où Louis ne vient plus,
Et ta pompe[8] arborant les plumes et les casques.

Comme un grand lys tu meurs, noble et triste, sans bruit ;
Et ton onde épuisée au bord moisi des vasques[9]
S'écoule, douce ainsi qu'un sanglot dans la nuit. [...]

Albert Samain, *Le Chariot d'or*, 1900

1 **fanée :** qui a perdu son éclat
2 **ardeurs :** chaleurs
3 **surannée :** vieille, passée
4 **glauque :** d'un vert bleuâtre
5 **joncher :** recouvrir
6 **if :** espèce d'arbre à feuilles persistantes
7 **triton :** batracien de la famille des salamandres
8 **pompe :** apparat, splendeur
9 **vasque :** bassin

Un précieux recueil de fables Épisode 1

VERSAILLES, le 1er novembre 1672, huit heures du matin…

– Que lisez-vous, Monseigneur ? demanda Marie-Anne.

– Mademoiselle Colbert ? s'étonna le fils de Louis XIV. Que diable faites-vous au château de si bon matin ? Vous n'êtes encore qu'une enfant.

– Je voulais être la première à vous souhaiter un bon anniversaire. N'avez-vous pas onze ans aujourd'hui ?

– Si, bien sûr, dit Louis de France dans un sourire. Mais qui vous a permis de venir chez moi sans que quiconque ait songé à me prévenir ?

– C'est votre père, le roi en personne, qui m'a autorisée à vous faire cette surprise. Il vous fait dire qu'il vous attend dans son bureau. Peut-être a-t-il un joli cadeau pour vous ? Posez donc ce livre et courez le rejoindre.

– Sachez, jeune impertinente, que ce livre n'est pas n'importe quel ouvrage. C'est un recueil de fables, et il m'est précieux. Son auteur, le sieur Jean de La Fontaine, me l'a dédié à sa parution, en 1668. Je n'avais que sept ans, comme vous. Son geste m'a fait plaisir. Chaque matin, je lis ou relis plusieurs pages, et rien ne me fera changer cette habitude. Ni vous, jolie demoiselle, ni mon père !

– Mon précepteur m'a parlé de ce poète. Il a promis que j'apprendrai bientôt l'une de ses fables. Mais il paraît que ce La Fontaine est un peu sauvage et ne se montre pas à la cour. Savez-vous pourquoi ?

– Pour l'avoir rencontré et m'être longuement entretenu avec lui, je sais qu'il préfère mener une vie simple à la campagne. Il déteste l'agitation de Versailles et les intrigues de palais. De plus… le roi ne l'aime guère.

– Qu'a-t-il fait de mal ? s'inquiéta Marie-Anne.

Louis ignora la question et prit un air gêné.

– Connaissez-vous le bosquet du Labyrinthe ? dit-il pour changer de sujet.

– Ma foi, non, Monseigneur.

– Alors, suivez-moi ! Au fil des allées de ce dédale de verdure, sont disposées des fontaines. Chacune d'elles illustre une fable. Je ne me lasse point de les voir, surtout ma préférée, et il me plairait de vous les faire découvrir !

Compréhension

1. Qu'est en train de faire le fils du roi quand arrive mademoiselle Colbert ?
2. Pourquoi vient-elle voir le fils du roi si tôt le matin ?
3. Quel message du roi Marie-Anne apporte-t-elle à Louis de France ?
4. Pourquoi le recueil de fables de Jean de La Fontaine est-il précieux pour le fils du roi ?
5. Pourquoi La Fontaine ne fréquente-t-il pas beaucoup la cour ?
6. À quelle question de Marie-Anne le fils du roi ne répond-il pas ?
7. Quelle est l'autre expression de ce texte pour évoquer le bosquet du Labyrinthe ?
8. Quelle est la particularité de ce bosquet du Labyrinthe ?

Lexique ▶ Les noms en -eur

« Mon **précepteur** m'a parlé de ce poète. »

une qualité, une propriété	un objet avec une fonction	une personne (métier, rôle, fonction)
la blancheur	un surligneur	un serveur • une serveuse
la fraîcheur	un tracteur	un promeneur • une promeneuse
la hauteur	un projecteur	un conducteur • une conductrice
l'épaisseur	un aspirateur	un chanteur • une chanteuse
la lenteur	un ventilateur	un dessinateur • une dessinatrice

Les **noms féminins** en **-eur** désignent une qualité ou une propriété. ▶ *blanc (adjectif) → blancheur*

Les **noms masculins** en **-eur** désignent :
- des **objets avec une fonction** ;
▶ *surligner (verbe) → un surligneur*
- des **personnes**. ▶ *servir (verbe) → un serveur*

Le bosquet du Labyrinthe Épisode 2

Le dauphin emmène Marie-Anne découvrir le bosquet du Labyrinthe, un dédale de verdure décoré de fontaines. Chaque fontaine illustre une fable.

POUR ÉCHAPPER à toute surveillance, les deux enfants sortirent par une porte ouvrant sur un couloir de service. Ils dévalèrent ensuite des escaliers, traversèrent un corridor, une galerie, puis une terrasse.
Enfin, quelques minutes plus tard, ils franchissaient la grille d'entrée du Labyrinthe. La fraîcheur humide des allées les fit frissonner.
Marie-Anne se planta devant la fontaine, dont les figurines d'animaux contaient la fable *Le Milan et les Colombes*.

– Ces oiseaux sont magnifiques ! s'enthousiasma-t-elle. Mais… j'aperçois une autre fontaine, juste là, au bout de cette allée à droite. Comment s'appelle-t-elle ?
– *Le Dauphin et le Singe*, répondit Louis de France.

Ils avancèrent ainsi dans le Labyrinthe, se perdant à plaisir, et découvrant le bestiaire que chaque fable mettait en scène.

– Monsieur de La Fontaine chérit les animaux autant que la nature, fit observer la fillette.
– Rien de plus normal, il a longtemps été maître des Eaux et Forêts, expliqua le prince. Mais, il est aussi passionné de littérature. Voilà ce qui l'a poussé à écrire des textes merveilleux. Savez-vous ce qu'on raconte à Château-Thierry, le bourg où il a vu le jour, voilà un demi-siècle ?
– Vous allez me l'apprendre, répliqua Marie-Anne.
– À vingt ans, déjà féru de poésie, il occupait ses nuits à apprendre des vers par cœur, et le jour il les déclamait en se promenant dans la forêt.
– Si l'anecdote est vraie, elle en dit long sur le bonhomme !
– C'est à cette époque-là aussi qu'il a commencé à écrire, précisa le prince.
À cet instant, les deux enfants passèrent devant *La Poule et les Poussins*.
– Est-ce votre fontaine préférée, Monseigneur ?
– Point du tout, c'est la suivante ! On l'aperçoit au carrefour des allées, un peu plus loin.
– Quel est son nom ? demanda Marie-Anne.

– *Le Renard et la Cigogne.* Tenez, la voici ! Les animaux sont si expressifs qu'on s'attend à les voir bouger et converser entre eux.
– Que raconte cette fable ?
– Je la connais par cœur, dit Louis. Aimeriez-vous l'entendre ?
– Avec joie !

Compréhension

1. Quels sont les deux animaux représentés sur la première fontaine dont parle le texte ?
2. Quel mot dérivé du mot « bête » est-il utilisé dans ce texte ?
3. Quelle fonction Jean de La Fontaine a-t-il longtemps exercée ?
4. Où La Fontaine est-il né ?
5. À quel âge La Fontaine a-t-il commencé à écrire ?
6. Combien de fables sont citées dans cet épisode ?
7. Quelle est la fable préférée de Louis de France, le fils du roi ?

Rédaction ▶ Déterminer la morale de la fable

- « On a souvent besoin d'un plus petit que soi. »
Le Lion et le Rat, La Fontaine
↳ Il ne faut pas mépriser le plus faible : chacun peut aider l'autre.

- « Rien ne sert de courir, il faut partir à point. »
Le Lièvre et la Tortue, La Fontaine
↳ Il ne faut pas faire les choses au dernier moment.

- « Sans les efforts, les dons naturels ne suffisent pas toujours. »
La Tortue et le Lièvre, Ésope
↳ Pour réussir, le talent ne suffit pas ; il faut aussi travailler.

Pour écrire une fable, je commence par déterminer la morale.
Je l'écris au début ou à la fin de ma fable.
Pour bien la comprendre, je la reformule avec mes propres mots.

Le Renard et la Cigogne Épisode 3

Le dauphin récite à Marie-Anne la fable illustrée par sa fontaine préférée.

COMPÈRE le Renard se mit un jour en frais,
et retint à dîner commère la Cigogne.
Le régal fût petit et sans beaucoup d'apprêts :
Le galant, pour toute besogne,
Avait un brouet clair ; il vivait chichement.
Ce brouet fut par lui servi sur une assiette :
La Cigogne au long bec n'en put attraper miette ;
Et le drôle eut lapé le tout en un moment.
Pour se venger de cette tromperie,
À quelque temps de là, la Cigogne le prie.
« Volontiers, lui dit-il, car avec mes amis
Je ne fais point cérémonie. »
À l'heure dite, il courut au logis
De la Cigogne son hôtesse ;
Loua très fort sa politesse ;
Trouva le dîner cuit à point :
Bon appétit surtout ; renards n'en manquent point.
Il se réjouissait à l'odeur de la viande
Mise en menus morceaux, et qu'il croyait friande.
On servit, pour l'embarrasser,
En un vase à long col et d'étroite embouchure.
Le bec de la Cigogne y pouvait bien passer ;
Mais le museau du sire était d'autre mesure.
Il lui fallut à jeun retourner au logis,
Honteux comme un Renard qu'une Poule aurait pris,
Serrant la queue, et portant bas l'oreille.

Trompeurs, c'est pour vous que j'écris :
Attendez-vous à la pareille.

Jean de La Fontaine, *Fables*, 1668

Compréhension

1. À ton avis le renard a-t-il l'habitude d'inviter la cigogne à manger ?
2. Quel plat le renard offre-t-il à la cigogne ?
3. Pourquoi, selon toi, le renard sert-il le plat dans une assiette ?
4. Quelle est la conséquence pour la cigogne ?
5. Pour quelle raison la cigogne invite-t-elle le renard en retour ?
6. Comment le renard réagit-il à l'invitation de la cigogne ?
7. Que peux-tu dire du repas préparé par la cigogne, si tu le compares à celui proposé par le renard ?
8. Pourquoi, selon toi, la cigogne sert-elle le plat dans un vase à long col et d'étroite embouchure ?
9. Quelle est la morale de cette fable ?

Lexique ▶ La famille du mot hôte et son étymologie

« À l'heure dite, il courut au logis
De la Cigogne son **hôtesse**… »

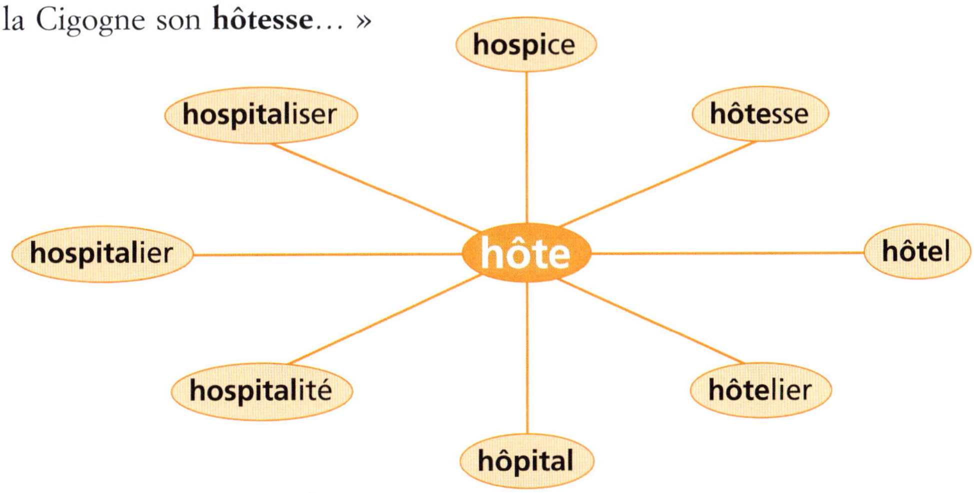

Le mot hôte a pour origine latine ***hospitem***.
Il désigne une personne qui reçoit l'hospitalité, qui est reçue chez quelqu'un, mais également la personne qui reçoit.

Quel talent ! Épisode 4

Le dauphin déclame la fable intitulée Le Renard et la Cigogne *à Marie-Anne.*

UEL TALENT, Monseigneur ! s'exclama Marie-Anne en battant des mains. Vous avez rendu cette fable si vivante qu'on vous croirait comédien dans la troupe de Molière ! M'en direz-vous une autre ?
– Vous êtes bien exigeante, plaisanta Louis. Plus tard... Pour l'heure, continuons notre promenade.

– Il est étrange que La Fontaine fasse parler des animaux à la manière des hommes...
– C'est là tout son génie ! Il utilise ce procédé pour exprimer sa pensée de manière imagée, afin que tout le monde en comprenne le sens. On appelle cela des allégories. Et bien sûr, il s'en dégage une morale. Le jour où il m'a dédié son recueil de fables, il a écrit cette phrase : « Je me sers d'Animaux pour instruire les Hommes ». Vous-même, mademoiselle, quelle morale tirez-vous du poème que je viens de réciter ?

Marie-Anne prit le temps de réfléchir :
– Si l'on joue un mauvais tour à quelqu'un, dit-elle enfin, il faut s'attendre, tôt ou tard, à subir pareil traitement.
– C'est cela ! Vous faites preuve d'un raisonnement très juste pour votre jeune âge.
– Éduquer et faire réfléchir ses semblables... Voilà donc la raison pour laquelle le poète a écrit ses fables, chuchota la fillette. Mais... comment se fait-il qu'il connaisse si bien la nature des hommes ? Lui, que vous décrivez comme un solitaire qui se plaît à déambuler dans les bois ?
– Il a longtemps vécu loin de Paris, mais il y a fait de longs séjours. Il a côtoyé la meilleure société et les grands esprits du siècle. Ainsi, il a pu observer ses contemporains. Toutefois... il n'a que peu d'amis. Les animaux des fables ressemblent trop aux humains dans leurs paroles et leurs agissements. Cela peut heurter le lecteur s'il reconnaît en eux ses propres défauts.
– Est-ce la raison pour laquelle Sa Majesté ne l'aime pas ?
– En partie, reconnut le prince. Avançons jusqu'à la prochaine fontaine, je vous en parlerai en marchant.

Compréhension

1. À qui Marie-Anne compare-t-elle le fils du roi quand il a terminé de réciter la fable ?
2. Quel procédé La Fontaine utilise-t-il dans ses fables ?
3. Quelle phrase La Fontaine a-t-il écrite dans le recueil de fables offert à Louis de France ?
4. Comment comprends-tu cette phrase ?
5. Peux-tu réécrire avec tes mots la morale résumée par Marie-Anne ?
6. Dans quelle ville La Fontaine a-t-il séjourné ?
7. Pourquoi La Fontaine n'a-t-il pas beaucoup d'amis ?

Rédaction ▶ Choisir les personnages et le lieu de la fable

le lion, l'ours, le léopard, le bœuf → fort, puissant, orgueilleux
la grenouille, le rat, la souris → faible, petit(e), timide

le renard, la cigogne → rusé(e)
le corbeau → naïf et imprudent

la tortue → lente et persévérante
le lièvre → rapide et frivole

la fourmi → prévoyante
la cigale → imprévoyante

le loup → dur et cruel
l'agneau, l'âne → doux et innocent

le chat → hypocrite et égoïste
le chien → fidèle et docile

Dans une fable, les personnages sont souvent des animaux à qui l'on prête des caractères. J'en choisis **deux au caractère opposé** en lien avec la morale choisie.
Je détermine le **lieu de l'histoire** : *dans les villes, dans les champs, dans les bois...*

Les reproches du roi Épisode 5

Le dauphin explique à Marie-Anne que Jean de La Fontaine a peu d'amis à la cour.

ALORS qu'ils passaient devant *Le Lièvre et la Tortue*, Louis expliqua :

– Voyez-vous, mademoiselle, le roi estime que monsieur de La Fontaine mérite des reproches pour trois raisons. La première est qu'il aurait copié ses fables sur les écrits de plusieurs écrivains et philosophes grecs. Ésope, notamment.

– Ésope, dont on peut voir la statue à l'entrée du Labyrinthe, intervint Marie-Anne.

– Plutarque, également. Phèdre, et d'autres encore. Certes, il s'en est inspiré, on ne peut le nier, et l'accusation pourrait être audible. Mais ce serait faire offense au génie du poète que de réduire son œuvre à une simple besogne de copiste. Non ! Il a fait un important travail d'adaptation des textes anciens, de mise en vers. Et nombreux sont les textes qu'il a lui-même écrits.

– Quel est le deuxième grief ? demanda la fillette.

– Je vous en ai déjà donné une petite idée. Sa Majesté rechigne à lui pardonner sa lucidité sur les défauts de ses contemporains : la vanité, la cupidité, l'hypocrisie, la flatterie, le mensonge, la trahison, etc. Pour finir, ma curiosité naturelle m'a poussé à écouter des conversations qui ne me concernaient pas. Ainsi ai-je découvert que monsieur de La Fontaine était l'ami fidèle d'un ennemi de mon père, un certain Fouquet. L'homme a été arrêté deux mois avant ma naissance et condamné à la prison à vie.

– Notre poète a-t-il été convaincu de complicité avec ce Fouquet ?

– Point du tout, répondit Louis, mais il s'est tant démené pour plaider sa cause et le faire libérer que le roi en a été courroucé.

– Cela fait beaucoup, en effet… Dans ce cas, pourquoi Sa Majesté a-t-elle souhaité mettre les fables à l'honneur en créant ce Labyrinthe ? N'est-ce pas contradictoire ?

– Ça l'est, j'en conviens. Mais tous les poèmes ne sont pas des critiques ouvertes au roi et à la cour. J'en connais un qui ferait plutôt l'éloge du roi. Aimeriez-vous l'entendre ?

– Oh, oui ! s'exclama Marie-Anne. Je suis votre plus grande admiratrice !

Compréhension

1. Est-ce que les deux promeneurs croisent réellement deux animaux : un lièvre et une tortue ?
2. Quel est le premier reproche que le roi adresse à La Fontaine ?
3. Est-ce que le fils du roi pense que ce reproche est justifié ?
4. Quelle qualité le roi ne pardonne-t-il pas à La Fontaine ?
5. Selon toi, pour quelle raison le roi n'aime-t-il pas que La Fontaine souligne les défauts des hommes de son époque ?
6. Qu'est-il arrivé à l'ami de La Fontaine ?
7. Qu'a essayé de faire La Fontaine pour son ami ?
8. Peux-tu écrire, avec tes mots, le troisième reproche que le roi adresse à La Fontaine ?

Lexique ▶ Les noms féminins en -té, -ité

« ... les défauts de ses contemporains : la **vanité**, la **cupidité**... »

une qualité	un défaut
habile • l'habileté	vaniteux • la vanité
loyal • la loyauté	cupide • la cupidité
bon • la bonté	stupide • la stupidité
lucide • la lucidité	méchant • la méchanceté
aimable • l'amabilité	brutal • la brutalité
humble • l'humilité	agressif • l'agressivité
curieux • la curiosité	naïf • la naïveté
généreux • la générosité	vulgaire • la vulgarité
fidèle • la fidélité	infidèle • l'infidélité
honnête • l'honnêteté	malhonnête • la malhonnêteté

Les **noms féminins** en **-té** ou **-ité** peuvent désigner une qualité ou un défaut.

Le Lion s'en allant en guerre Épisode 6

Jean de La Fontaine n'est pas un ennemi du roi. Pour le prouver, Louis de France lit une fable élogieuse pour le monarque.

Le Lion dans sa tête avait une entreprise :
Il tint conseil de guerre, envoya ses prévôts,
Fit avertir les animaux.
Tous furent du dessein, chacun selon sa guise :
L'Éléphant devait sur son dos
Porter l'attirail nécessaire,
Et combattre à son ordinaire ;
L'Ours, s'apprêter pour les assauts ;
Le Renard, ménager de secrètes pratiques ;
Et le Singe, amuser l'ennemi par ses tours.
« Renvoyez, dit quelqu'un, les ânes, qui sont lourds,
Et les lièvres, sujets à des terreurs paniques.
– Point du tout, dit le roi ; je les veux employer :
Notre troupe sans eux ne serait pas complète.
L'Âne effraiera les gens, nous servant de trompette ;
Et le Lièvre pourra nous servir de courrier. »

Le monarque prudent et sage
De ses moindres sujets sait tirer quelque usage,
Et connaît les divers talents.
Il n'est rien d'inutile aux personnes de sens.

Jean de La Fontaine, *Fables*, 1668

Compréhension

1. Quel est projet du lion dans cette fable ?
2. Qui va prévenir les animaux ?
3. Peux-tu citer les quatre animaux qui participent au projet du lion ?
4. Quelle était la mission particulière du singe ?
5. Quels sont les animaux que quelqu'un veut exclure du projet du lion ?
6. Pour quelles raisons ces animaux devraient-ils être exclus ?
7. Est-ce que le roi des animaux est d'accord ?
8. Quelles missions le roi réserve-t-il aux animaux qui devraient être exclus ?
9. Peux-tu écrire avec tes mots la morale de cette fable ?

Rédaction ▶ Imaginer les péripéties de la fable

• **1re péripétie :**

Une pintade est pourchassée par un aigle.

Résolution : Un léopard éloigne le rapace en montrant ses griffes et en rugissant.
→ L'animal fort aide l'animal faible.

• **2e péripétie :**

Une troupe de chacals approche.

Résolution : La pintade pousse un cri et le léopard prévenu prend la fuite.
→ L'animal faible aide l'animal fort.

Pour illustrer et bien comprendre la morale de la fable, j'imagine une ou deux péripéties et leur résolution.
Je tiens compte du caractère des personnages.

Le troisième reproche Épisode 7

Le dauphin récite une fable élogieuse pour le roi : Le Lion s'en allant en guerre.

QUE DITES-VOUS de cette fable ? demanda Louis de France, alors que Marie-Anne n'en finissait pas de l'applaudir.

– Elle est fort bien tournée et parfaitement compréhensible. Et vous aviez raison, elle fait honneur au roi.

– Selon vous, quelle morale ce texte exprime-t-il ?

– Il est facile de la deviner, expliqua la fillette. Le roi intelligent et perspicace sait reconnaître les aptitudes de chacun et en user pour servir au mieux ses intérêts. Ainsi, nul n'est laissé de côté, personne ne se sent inutile, chacun a le rôle dans lequel il excelle et qui le met en valeur.

– Félicitations, ma chère. Vous êtes brillante. Je n'en attendais pas moins de la fille du principal ministre d'État du royaume !

Marie-Anne eut l'air perplexe.

– À la lumière de cette fable, je ne comprends pas pourquoi Sa Majesté se méfie autant de monsieur de La Fontaine.

– Il est vrai que ce poème est tout à la gloire de mon père. Toutefois, il pointe son extrême exigence. Le moindre de ses sujets lui doit une obéissance aveugle, sans aucun moyen de se défiler. Et les contradicteurs sont immédiatement remis à leur place.

– Cela a-t-il un rapport avec le troisième reproche que le roi fait au sieur de La Fontaine, et dont vous souhaitiez me parler, Monseigneur ?

– En effet. Outre les aristocrates, le roi aime que les esprits éclairés du siècle, artistes de tout poil, philosophes, scientifiques, se montrent à Versailles pour lui faire leur cour.

– Faire leur cour… En quoi cela consiste-t-il ? demanda Marie-Anne.

– En travaillant à la gloire de Sa Majesté, dans la docilité et l'absence de critiques. Notre poète, lui, n'appartient pas à cette catégorie de personnes. Il veut être un témoin de son époque, avec lucidité et franchise. Il ne donne pas dans la flatterie, pas même avec son roi. En résumé, il refuse de se soumettre. Et Sa Majesté n'aime pas qu'on lui résiste.

– Je vous trouve bien sévère avec votre père… fit observer la fillette.

– Sévère ? Non, je ne crois pas, se défendit Louis. J'essaie seulement d'être objectif, à l'image de monsieur de La Fontaine.

Compréhension

1. Quelles sont les qualités d'un roi qui sait reconnaître les aptitudes de ses sujets ?
2. Pour quelle raison le roi de la fable reconnaît-il les aptitudes de chacun ?
3. Réécris la morale de la fable (lignes 6 à 8) avec tes mots.
4. Quelle fonction le père de Marie-Anne exerce-t-il ?
5. Qu'attend le roi de ses sujets ?
6. Quelles sont les personnes à l'esprit éclairé dont parle le texte ?
7. Pourquoi, selon toi, le roi veut-il garder les aristocrates autour de lui à Versailles ?
8. Est-ce que Jean de La Fontaine est un courtisan du roi ?
9. Qu'est-ce que le roi n'aime pas chez Jean de la Fontaine ?

Lexique ▶ Les noms féminins en -erie

« Il ne donne pas dans la **flatterie**. »

un lieu	un domaine d'activité	un ensemble	un comportement, une action
la bergerie	la maçonnerie	la tuyauterie	la flatterie
la garderie	la menuiserie	la robinetterie	la moquerie
la penderie	la serrurerie	la literie	la plaisanterie
la billetterie	l'hôtellerie	la soufflerie	la drôlerie
la déchèterie	l'ingénierie	la paysannerie	la tricherie
la chocolaterie	la sorcellerie	la cavalerie	la tromperie

Certains **noms féminins** en **-erie** désignent à la fois un lieu et un domaine d'activité : *boulangerie, bijouterie, poissonnerie, parfumerie…*

Pourvu que Dieu lui prête vie Épisode 8

Le roi reproche à Jean de La Fontaine de ne pas faire partie des esprits éclairés qui lui font la cour à Versailles.

MONSEIGNEUR, croyez-vous que La Fontaine écrira d'autres fables ? dit Marie-Anne, alors que les deux enfants se dirigeaient vers la sortie du Labyrinthe et passaient devant *La Souris, le Chat et le Petit Coq.*

– Notre homme fourmille d'idées ! s'empressa de répondre le prince. J'ai ouï dire qu'il travaille sur un second recueil.

– Quand pourra-t-on le lire ?

– Je l'ignore ! Mais pourquoi tant d'impatience, mademoiselle, alors que vous n'avez pas encore lu une seule fable ? Savez-vous que le premier recueil en compte cent vingt-quatre, réparties en six livres ?

Impressionnée, Marie-Anne écarquilla les yeux.

– Je demanderai à mon précepteur de m'apporter le premier des six. Je commence à bien savoir lire. Mais… Croyez-vous que le roi acceptera la publication d'un nouvel opus ?

– J'en suis sûr, affirma Louis de France. Si le poète vit en marge de la cour de Versailles, il n'en est pas exclu. Le roi ne recherche pas sa compagnie, mais il ne l'a point disgracié.

– Tant mieux ! s'exclama la fillette. J'aime beaucoup les histoires que ses poèmes racontent, ce labyrinthe et les animaux des fontaines.

– Contrairement aux apparences, de nombreuses personnes soutiennent monsieur de La Fontaine. Ceux-là reconnaissent son talent et l'encouragent, sans tenir compte des méchantes langues qui salissent sa réputation.

– Qui sont ces gens bien intentionnés ?

– Toutes sortes de gens : des savants, des aristocrates, expliqua le prince. Et notamment Madame la marquise de Montespan. Je crois même que pour la remercier, le deuxième recueil de fables lui sera dédié.

– Dans ce cas, après un deuxième ouvrage, il y en aura sûrement un troisième, ne pensez-vous pas ?

– J'ai bon espoir ! La Fontaine n'a que cinquante-et-un ans et son esprit créatif est fécond. Alors, « Pourvu que Dieu lui prête vie », comme il l'écrit dans *Le Petit Poisson et le Pêcheur*, notre poète a de nombreuses années devant lui pour écrire et nous régaler de ses fables.

Annie Pietri, La Librairie des Écoles, 2023

Compréhension

1. Est-ce que Marie-Anne, âgée de sept ans, a déjà lu une fable de la Fontaine ?
2. Combien de fables le premier recueil écrit par la Fontaine contient-il ?
3. Pourquoi Marie-Anne précise-t-elle qu'elle commence à savoir bien lire ?
4. Pourquoi, selon toi, Marie-Anne demande-t-elle si le roi autorisera la publication du second recueil de fables ?
5. Qu'arrive-t-il, selon toi, à une personne disgraciée par le roi ?
6. Pourquoi La Fontaine a-t-il besoin de soutiens ?
7. À qui la Fontaine dédiera-t-il son second recueil ? Pourquoi ?
8. Si Jean de la Fontaine a 51 ans en 1672 (les 11 ans du fils du roi), quel âge a-t-il quand il meurt en 1695 ?

Rédaction ▶ Faire des rimes

Pour se venger de cette tromperie,
À quelque temps de là, la Cigogne le prie.
« Volontiers, lui dit-il, car avec mes amis
Je ne fais point cérémonie. »
À l'heure dite, il courut au logis
De la Cigogne son hôtesse ;
Loua très fort sa politesse […]
Le Renard et la Cigogne, La Fontaine

L'Éléphant devait sur son dos
Porter l'attirail nécessaire,
Et combattre à son ordinaire ;
L'Ours, s'apprêter pour les assauts […]
Le Lion s'en allant en guerre, La Fontaine

Les **rimes** sont les répétitions du même son à la fin des mots. Pour écrire une fable, je peux écrire des rimes à la fin de chaque vers.

Rédaction ▶ Écrire une fable

J'observe

On a souvent besoin d'un plus petit que soi.
C'est ce que cette histoire
Enseigne à l'auditoire.
Au cœur de la savane, un jour, une pintade
Qui partait pour sa promenade
Se trouva en mortel danger
Par un aigle cruel qui voulait la manger.
Voici un léopard qui passe
Sort ses griffes, rugit, bondit, mord et menace
Et, pour sauver la pintade, écarte le rapace !
Mais quelque temps plus tard,
Le léopard,
Un soir faisant la sieste au pied d'un acacia,
Ne vit pas le péril qui soudain approcha :
Une meute fatale
De chacals…
Mais le gallinacé qui picorait par là
Pour l'aider à son tour, tout à coup, s'écria
Si fort que le félin s'éveilla, comprit tout,
Et vif comme l'éclair, prit ses pattes à son cou.

J'écris ▷ J'écris ou réécris une fable en plusieurs étapes.

- Je détermine la morale et je l'écris au début ou à la fin de la fable.
- Je choisis les personnages et le lieu de l'histoire.
- J'imagine une ou deux péripéties et leur résolution.
- J'écris ma fable au présent ou au passé lointain (imparfait et passé simple).
- Je désigne de différentes manières les personnages pour éviter les répétitions.
- Facultatif : je réécris mon texte en ajoutant des rimes.

J'apprends une fable

Le Lièvre et la Tortue

Rien ne sert de courir; il faut partir à point.
Le Lièvre et la Tortue en sont un témoignage.
Gageons, dit celle-ci, que vous n'atteindrez point
Sitôt que moi ce but. Sitôt? Êtes-vous sage?
Repartit l'animal léger. [...]
Notre Lièvre n'avait que quatre pas à faire;
J'entends de ceux qu'il fait lorsque prêt d'être atteint
Il s'éloigne des Chiens, les renvoie aux calendes[1],
Et leur fait arpenter les landes.
Ayant, dis-je, du temps de reste pour brouter,
Pour dormir, et pour écouter
D'où vient le vent, il laisse la Tortue
Aller son train de Sénateur[2].
Elle part, elle s'évertue;
Elle se hâte avec lenteur.
Lui cependant méprise une telle victoire;
Tient la gageure[3] à peu de gloire;
Croit qu'il y va de son honneur
De partir tard. Il broute, il se repose,
Il s'amuse à toute autre chose
Qu'à la gageure. À la fin, quand il vit
Que l'autre touchait presque au bout de la carrière[4],
Il partit comme un trait; mais les élans qu'il fit
Furent vains: la Tortue arriva la première.
« Eh bien, lui cria-t-elle, avais-je pas raison?
De quoi vous sert votre vitesse?
Moi l'emporter! et que serait-ce
Si vous portiez une maison? »

Jean de La Fontaine, *Fables*, 1668

1 **aux calendes:** à un temps qui ne viendra jamais
2 **son train de Sénateur:** son allure lente
3 **la gageure:** le pari
4 **au bout de la carrière:** au bout de la course

Des landes nues et monotones Épisode 1

L Y A environ une quarantaine d'années, je faisais une longue course à pied, sur des hauteurs absolument inconnues des touristes, dans cette très vieille région des Alpes qui pénètrent en Provence.
Cette région est délimitée au sud-est et au sud par le cours moyen de la Durance, entre Sisteron et Mirabeau ; au nord par le cours supérieur de la Drôme, depuis sa source jusqu'à Die ; à l'ouest par les plaines du Comtat Venaissin et les contreforts du Mont-Ventoux. Elle comprend toute la partie nord du département des Basses-Alpes, le sud de la Drôme et une petite enclave du Vaucluse.
C'était, au moment où j'entrepris ma longue promenade dans ces déserts, des landes nues et monotones, vers 1 200 à 1 300 mètres d'altitude. Il n'y poussait que des lavandes sauvages.

Je traversais ce pays dans sa plus grande largeur et, après trois jours de marche, je me trouvais dans une désolation sans exemple. Je campais à côté d'un squelette de village abandonné. Je n'avais plus d'eau depuis la veille et il me fallait en trouver. Ces maisons agglomérées, quoique en ruine, comme un vieux nid de guêpes, me firent penser qu'il avait dû y avoir là, dans le temps, une fontaine ou un puits. Il y avait bien une fontaine, mais sèche. Les cinq à six maisons, sans toiture, rongées de vent et de pluie, la petite chapelle au clocher écroulé, étaient rangées comme le sont les maisons et les chapelles dans les villages vivants, mais toute vie avait disparu.

C'était un beau jour de juin avec grand soleil, mais sur ces terres sans abri et hautes dans le ciel, le vent soufflait avec une brutalité insupportable. Ces grondements dans les carcasses des maisons étaient ceux d'un fauve dérangé dans son repas.
Il me fallut lever le camp. À cinq heures de marche de là, je n'avais toujours pas trouvé d'eau et rien ne pouvait me donner l'espoir d'en trouver.

Compréhension

❶ Est-ce que, selon toi, le narrateur de ce texte est un coureur ?

❷ La région explorée par le narrateur est à l'intersection de plusieurs départements. Combien ?

❸ Quelle plante pousse dans les landes traversées par le narrateur ?

❹ À ton avis, que transporte le narrateur dans son baluchon pour sa longue marche ?

❺ Que recherche d'urgence le randonneur ?

❻ Est-ce qu'il trouve ce qu'il cherche dans le village abandonné ?

❼ À quoi le randonneur compare-t-il le bruit du vent lorsqu'il traverse les maisons en ruine ?

❽ Comment te sentirais-tu si tu étais à la place du randonneur, toujours bredouille après cinq heures de marche ?

Lexique ▶ Les noms masculins en -ment

« Ces **grondements** dans les carcasses des maisons… »

un lieu	une action ou son résultat	un bruit
le bâtiment	l'amusement	le grondement
l'appartement	le frottement	le sifflement
le logement	le changement	le ronflement
l'hébergement	l'alignement	le craquement
le campement	l'avertissement	le hurlement
l'équipement	le perfectionnement	l'aboiement
l'emplacement	le stationnement	le rugissement

Les **noms masculins** en **-ment** ne doivent pas être confondus avec les adverbes de manière : *joyeusement, méchamment, délicatement, rapidement…*

Une rencontre providentielle Épisode 2

Tandis qu'il fait une longue marche dans un désert de landes dans les Alpes, le narrateur se trouve à cours d'eau. Il en cherche en vain.

C'ÉTAIT partout la même sécheresse, les mêmes herbes ligneuses. Il me sembla apercevoir dans le lointain une petite silhouette noire, debout. Je la pris pour le tronc d'un arbre solitaire. À tout hasard, je me dirigeai vers elle. C'était un berger. Une trentaine de moutons couchés sur la terre brûlante se reposaient près de lui. Il me fit boire à sa gourde et, un peu plus tard, il me conduisit à sa bergerie, dans une ondulation du plateau. Il tirait son eau, excellente, d'un trou naturel, très profond, au-dessus duquel il avait installé un treuil rudimentaire.

Cet homme parlait peu. C'est le fait des solitaires, mais on le sentait sûr de lui et confiant dans cette assurance. C'était insolite dans ce pays dépouillé de tout. Il n'habitait pas une cabane mais une vraie maison en pierre où l'on voyait très bien comment son travail personnel avait rapiécé la ruine qu'il avait trouvée là à son arrivée. Son toit était solide et étanche. Le vent qui le frappait faisait sur les tuiles le bruit de la mer sur les plages. Son ménage était en ordre, sa vaisselle lavée, son parquet balayé, son fusil graissé ; sa soupe bouillait sur le feu. Je remarquai alors qu'il était aussi rasé de frais, que tous ses boutons étaient solidement cousus, que ses vêtements étaient reprisés avec le soin minutieux qui rend les reprises invisibles.

Il me fit partager sa soupe et, comme après je lui offrais ma blague à tabac, il me dit qu'il ne fumait pas. Son chien, silencieux comme lui, était bienveillant sans bassesse.

Il avait été entendu tout de suite que je passerais la nuit-là ; le village le plus proche étant encore à plus d'une journée et demie de marche.

Compréhension

1. Qu'est en réalité la petite silhouette noire aperçue au loin ?
2. Pourquoi, selon toi, le randonneur n'a-t-il pas besoin de demander de l'eau au berger ?
3. À quoi le treuil installé au-dessus du trou sert-il ?
4. Qu'avait fait le berger de la ruine pour construire sa maison en pierre ?
5. De quoi le toit de la maison est-il fait ?
6. Que peux-tu dire du berger en voyant son intérieur et ses vêtements ?
7. Pourquoi le berger refuse-t-il la blague à tabac du randonneur ?
8. À ton avis, à quoi sert le chien ?

Rédaction ▶ Exprimer différemment une même idée (1)

C'est un homme
- généreux.
- bon.
- bienveillant.
- aimable.

Le berger
- fait preuve de
- témoigne de
- manifeste
- montre
- est plein de

sa bonté.

J'exprime une idée de manière différente avec des synonymes ou des mots de la même famille.

Cent glands parfaits Épisode 3

Le berger rencontré providentiellement accueille pour la nuit le narrateur.

LE BERGER qui ne fumait pas alla chercher un petit sac et déversa sur la table un tas de glands. Il se mit à les examiner l’un après l’autre avec beaucoup d’attention, séparant les bons des mauvais. Je fumais ma pipe. Je me proposai pour l’aider. Il me dit que c’était son affaire. En effet: voyant le soin qu’il mettait à ce travail, je n’insistai pas. Ce fut toute notre conversation. Quand il eut du côté des bons un tas de glands assez gros, il les compta par paquets de dix. Ce faisant, il éliminait encore les petits fruits ou ceux qui étaient légèrement fendillés, car il les examinait de fort près. Quand il eut ainsi devant lui cent glands parfaits, il arrêta et nous allâmes nous coucher.

La société de cet homme donnait la paix. Je lui demandai le lendemain la permission de me reposer tout le jour chez lui. Il le trouva tout naturel, ou, plus exactement, il me donna l’impression que rien ne pouvait le déranger. Ce repos ne m’était pas absolument obligatoire, mais j’étais intrigué et je voulais en savoir plus. Il fit sortir son troupeau et il le mena à la pâture. Avant de partir, il trempa dans un seau d’eau le petit sac où il avait mis les glands soigneusement choisis et comptés.

Je remarquai qu’en guise de bâton, il emportait une tringle de fer grosse comme le pouce et longue d’environ un mètre cinquante. Je fis celui qui se promène en se reposant et je suivis une route parallèle à la sienne.

La pâture de ses bêtes était dans un fond de combe. Il laissa le petit troupeau à la garde du chien et il monta vers l’endroit où je me tenais. J’eus peur qu’il vînt pour me reprocher mon indiscrétion mais pas du tout, c’était sa route et il m’invita à l’accompagner si je n’avais rien de mieux à faire. Il allait à deux cents mètres de là, sur la hauteur.

Arrivé à l’endroit où il désirait aller, il se mit à planter sa tringle de fer dans la terre. Il faisait ainsi un trou dans lequel il mettait un gland, puis il rebouchait le trou. Il plantait des chênes. Je lui demandai si la terre lui appartenait. Il me répondit que non. Savait-il à qui elle appartenait? Il ne savait pas. Il supposait que c’était une terre communale, ou peut-être était-elle la propriété de gens qui ne s’en souciait pas? Lui ne se souciait pas de connaître les propriétaires. Il planta ainsi ses cent glands avec un soin extrême.

Compréhension

1. Penses-tu que le randonneur serait capable de trier les glands aussi bien que le berger ?
2. Quels sont les bons glands que le berger élimine encore ?
3. Quand le berger arrête-t-il de trier les glands ?
4. Le randonneur demande au berger de rester chez lui un jour de plus pour se reposer. Est-ce la vraie raison de sa demande ?
5. Pourquoi, selon toi, le berger trempe-t-il le sac de glands dans un seau d'eau ?
6. Pourquoi le berger prend-il une tringle de fer plutôt qu'un bâton en bois plus léger ?
7. Que fait le randonneur lorsque le berger est parti ?
8. Que fait le berger accompagné du randonneur ?

Lexique ▶ Les mots-clés bon et mauvais

« … il se mit à les examiner […] séparant les **bons** et les **mauvais**. »

BON et MAUVAIS	
noms	goût • plat • vin • fruit • temps • météo • odeur • note • position • piste • idée • esprit • foi • conseil • choix • habitude • réponse • résultat • nouvelle • moment • séjour • augure • sens • direction • volonté • personne
synonymes et antonymes	agréable • délicieux • exact • gentil • généreux • bienveillant • aimable • fort • excellent désagréable • écœurant • inexact • méchant • égoïste • malveillant • détestable • faible • insuffisant
verbes	s'améliorer • progresser • se bonifier • exceller • s'abîmer • s'user • se dégrader • se détériorer • pourrir
famille de mots	bonté • bonifier • bonification • bonus • bonbon • bonhomme
expressions	Bon courage ! • Bonne chance ! • Tenir bon • À quoi bon ? • Pour de bon • Avoir bon pied, bon œil • Bon gré, mal gré

Dix-mille chênes Épisode 4

Le berger a une bien curieuse occupation : il plante des glands dans la terre de ces landes désertes.

APRÈS le repas de midi, il recommença à trier sa semence. Je mis, je crois, assez d'insistance dans mes questions puisqu'il y répondit. Depuis trois ans il plantait des arbres dans cette solitude. Il en avait planté cent-mille. Sur les cent-mille, vingt-mille étaient sortis. Sur ces vingt-mille, il comptait encore en perdre la moitié, du fait des rongeurs ou de tout ce qu'il y a d'impossible à prévoir dans les desseins de la Providence. Restaient dix-mille chênes qui allaient pousser dans cet endroit où il n'y avait rien auparavant.

C'est à ce moment-là que je me souciai de l'âge de cet homme. Il avait visiblement plus de cinquante ans. Cinquante-cinq, me dit-il. Il s'appelait Elzéard Bouffier. Il avait possédé une ferme dans les plaines. Il y avait réalisé sa vie.

Il avait perdu son fils unique, puis sa femme. Il s'était retiré dans la solitude où il prenait plaisir à vivre lentement, avec ses brebis et son chien. Il avait jugé que ce pays mourait par manque d'arbres. Il ajouta que, n'ayant pas d'occupations très importantes, il avait résolu de remédier à cet état de choses.

Menant moi-même à ce moment-là, malgré mon jeune âge, une vie solitaire, je savais toucher avec délicatesse aux âmes des solitaires. Cependant, je commis une faute. Mon jeune âge, précisément, me forçait à imaginer l'avenir en fonction de moi-même et d'une certaine recherche du bonheur. Je lui dis que, dans trente ans, ces dix-mille chênes seraient magnifiques. Il me répondit très simplement que, si Dieu lui prêtait vie, dans trente ans, il en aurait planté tellement d'autres que ces dix-mille seraient comme une goutte d'eau dans la mer.

Il étudiait déjà, d'ailleurs, la reproduction des hêtres et il avait près de sa maison une pépinière issue des faines. Les sujets qu'il avait protégés de ses moutons par une barrière en grillage étaient de toute beauté. Il pensait également à des bouleaux pour les fonds où, me dit-il, une certaine humidité dormait à quelques mètres de la surface du sol. Nous nous séparâmes le lendemain.

Compréhension

1. Comment le berger a-t-il pu arriver à planter cent-mille arbres en trois ans ?
2. Pourquoi le berger pense-t-il perdre encore dix-mille arbres sur les vingt-mille qui sont sortis ?
3. Quelle espèce d'arbre le berger a-t-il plantée ?
4. Quel âge a le berger ?
5. Pourquoi Elzéard Bouffier est-il devenu un berger solitaire ?
6. Pour quelle raison le berger décide-t-il de commencer à planter des arbres ?
7. Est-ce que le berger s'arrêtera de planter des arbres après le départ du randonneur ?
8. Quelle comparaison le berger utilise-t-il pour parler de ses dix-mille arbres déjà plantés ?
9. À quelles autres variétés d'arbres le berger songe-t-il pour continuer ses plantations ?

Rédaction ▶ **Exprimer différemment une même idée** (2)

Le berger avait visiblement plus de cinquante ans.

→ Apparemment, le berger avait plus de cinquante ans.

→ Le berger devait avoir un peu plus de cinquante ans.

→ Le berger semblait avoir au moins la cinquantaine.

→ Le berger dépassait la cinquantaine.

J'exprime une même idée avec des synonymes, des mots de la même famille ou en choisissant une autre formulation.

L’Homme qui plantait des arbres

Tout était changé Épisode 5

Le narrateur comprend que le but du vieux berger est de planter suffisamment d’arbres pour faire pousser une forêt.

J’AI VU Elzéard Bouffier pour la dernière fois en juin 1945. Il avait alors quatre-vingt-sept ans. J’avais donc repris la route du désert, mais maintenant, malgré le délabrement dans lequel la guerre avait laissé le pays, il y avait un car qui faisait le service entre la vallée de la Durance et la montagne. Je mis sur le compte de ce moyen de transport relativement rapide le fait que je ne reconnaissais plus les lieux de mes premières promenades. Il me semblait aussi que l’itinéraire me faisait passer par des endroits nouveaux. J’eus besoin d’un nom de village pour conclure que j’étais bien cependant dans cette région jadis en ruine et désolée.
Le car me débarqua à Vergons.

[…] Tout était changé. L’air lui-même. Au lieu des bourrasques sèches et brutales qui m’accueillaient jadis, soufflait une brise souple chargée d’odeurs. Un bruit semblable à celui de l’eau venait des hauteurs : c’était celui du vent dans les forêts. Enfin, chose plus étonnante, j’entendis le vrai bruit de l’eau coulant dans un bassin. Je vis qu’on avait fait une fontaine, qu’elle était abondante et, ce qui me toucha le plus, on avait planté près d’elle un tilleul qui pouvait déjà avoir dans les quatre ans, déjà gras, symbole incontestable d’une résurrection.

Par ailleurs, Vergons portait les traces d’un travail pour l’entreprise duquel l’espoir est nécessaire. L’espoir était donc revenu. On avait déblayé les ruines, abattu les pans de murs délabrés et reconstruit cinq maisons. Le hameau comptait désormais vingt-huit habitants dont quatre jeunes ménages. Les maisons neuves, crépies de frais, étaient entourées de jardins potagers où poussaient, mélangés mais alignés, les légumes et les fleurs, les choux et les rosiers, les poireaux et les gueules-de-loup, les céleris et les anémones. C’était désormais un endroit où l’on avait envie d’habiter.

Compréhension

1. Le randonneur a rencontré pour la première fois le berger alors qu'il était âgé de cinquante-cinq ans. En quelle année était-ce ?
2. Combien de guerres le berger a-t-il traversées ?
3. Est-ce que le randonneur reconnaît tout de suite les paysages de la route du désert ?
4. Quelle information lui permet-elle de savoir qu'il se trouve bien dans la même région que jadis ?
5. Comment sais-tu que les graines plantées par le berger sont devenues une forêt ?
6. Pourquoi le narrateur parle-t-il du « vrai bruit de l'eau » quand il évoque la fontaine ?
7. Est-ce que de jeunes habitants vivent maintenant dans le hameau de Vergons ?
8. Relève et trie les légumes et les fleurs évoqués dans le texte.

Lexique ▶ Le vent

« Au lieu des **bourrasques** [...] soufflait une **brise** souple. »

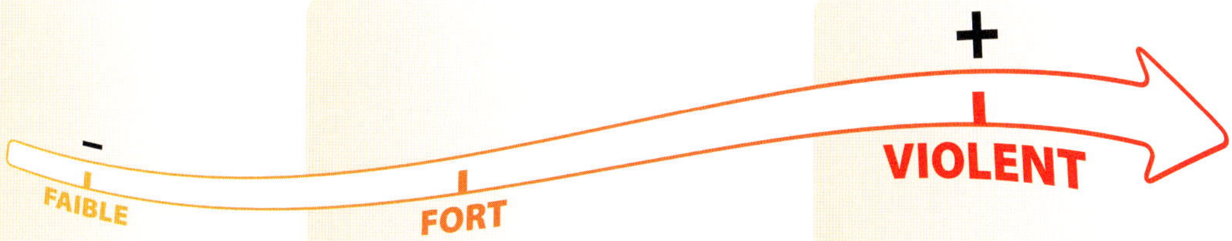

FAIBLE	FORT	VIOLENT
brise	tourbillon	ouragan
souffle	rafale	tornade
zéphyr	bourrasque	cyclone
alizé	tempête	typhon

Le vent est un courant d'air.
Il existe plusieurs manières de le désigner selon son intensité.

La résurrection Épisode 6

Plusieurs années se sont écoulées avant que le narrateur revienne dans la région. Quand il revient, il a la surprise de voir un paysage reverdi, fleuri et habité par de nouvelles familles.

A PARTIR de là, je fis mon chemin à pied. La guerre dont nous sortions à peine n'avait pas permis l'épanouissement complet de la vie, mais Lazare était hors du tombeau. Sur les flancs abaissés de la montagne, je voyais de petits champs d'orge et de seigle en herbe ; au fond des étroites vallées, quelques prairies verdissaient.

[…] Sur l'emplacement des ruines que j'avais vues en 1913, s'élèvent maintenant des fermes propres, bien crépies, qui dénotent une vie heureuse et confortable. Les vieilles sources, alimentées par les pluies et les neiges que retiennent les forêts, se sont mises à couler. On en a canalisé les eaux. À côté de chaque ferme, dans des bosquets d'érables, les bassins des fontaines débordent sur des tapis de menthe fraîche. Les villages se sont reconstruits peu à peu.

[…]

Quand je réfléchis qu'un homme seul, réduit à ses simples ressources physiques et morales, a suffi pour faire surgir du désert ce pays de Canaan, je trouve que, malgré tout, la condition humaine est admirable.

Mais, quand je fais le compte de tout ce qu'il a fallu de constance dans la grandeur d'âme et d'acharnement dans la générosité pour obtenir ce résultat, je suis pris d'un immense respect pour ce vieux paysan sans culture qui a su mener à bien cette œuvre digne de Dieu.
Elzéard Bouffier est mort paisiblement en 1947 à l'hospice de Banon.

L'Homme qui plantait des arbres, Jean Giono, Collection Les Classiques, Folio Cadet, éditions Gallimard, 1983

Compréhension

1. Quel personnage de la Bible est-il cité dans cet épisode ?
2. Que veut dire le narrateur quand il dit en voyant les champs et les prairies que « Lazare était hors du tombeau » ?
3. En quelle année ce dernier épisode se déroule-t-il ?
4. Grâce à quoi les vieilles sources se remettent-elles à couler ?
5. Quel village biblique est-il cité dans cet épisode ?
6. Quelles qualités du berger ont-elles permis de transformer le paysage désertique en lieu de vie ?
7. Elzéard Bouffier avait cinquante-cinq ans en 1913. Quel âge a-t-il quand il meurt en 1947 ?

Rédaction ▶ Remplacer le vent par un terme précis

- À cet endroit, je ressentais
  - une brise souple.
  - un **vent** léger.
  - un zéphyr.
- Il y avait
  - une bourrasque.
  - une rafale.
  - un **vent** violent.
  - une grande agitation.
  - un fort mistral.

Je remplace le mot vent par un terme qui précise bien son intensité.

L'Homme qui plantait des arbres

Rédaction ▶ Écrire à partir des mots bon et mauvais

J'observe

Pendant plusieurs jours, je me promenais dans un désert de landes sauvages. La météo n'était pas mauvaise [était bonne], mais le vent soufflait fort et j'essuyais parfois quelques bourrasques.
Je pensais prendre la bonne direction [aller dans le bon sens] mais je me suis égaré en chemin. Malgré ma bonne volonté [mon envie de bien faire], j'ai passé trois bonnes heures [beaucoup de temps] à retrouver mon itinéraire. Heureusement, j'ai rencontré un berger. C'est un homme bon [plein de bonté]. Il partage sa soupe avec moi et m'offre l'hospitalité pour une nuit. Dans sa maison, il fait bon vivre [on a envie d'y habiter]. Je sens de bonnes odeurs [agréables].

- J'utilise des synonymes ou des mots de la même famille pour exprimer d'une manière différente la même idée.
- Si besoin, je déplace ou remplace les mots pour bien formuler ma phrase :
Je sens de bonnes odeurs. – Je sens des odeurs agréables.

J'écris

▷ **Je réécris le texte en exprimant d'une autre manière les mots soulignés.**

Même si Léo est bon au jeu de cartes ou qu'il possède une bonne main au départ, il a souvent un mauvais état d'esprit : il est mauvais perdant.
De même, il n'écoute pas nécessairement l'avis des autres qui peuvent être de bon conseil et l'aider à faire le bon choix.
Dans un quiz, il veut toujours être le seul à délivrer la bonne réponse.
Pour mieux se comporter avec les autres, il doit devenir meilleur et montrer son bon caractère.

J'apprends une fable

Le petit Poisson et le Pêcheur

Petit poisson deviendra grand
Pourvu que Dieu lui prête vie.
Mais le lâcher en attendant,
Je tiens pour moi[1] que c'est folie;
Car de le rattraper il n'est pas trop certain.
Un Carpeau qui n'était encore que fretin[2]
Fut pris par un Pêcheur au bord d'une rivière.
« Tout fait nombre, dit l'homme en voyant son butin;
Voilà commencement de chère et de festin:
Mettons-le en notre gibecière. »
Le pauvre Carpillon lui fit en sa manière:
« Que ferez-vous de moi? je ne saurais fournir
Au plus qu'une demi-bouchée;
Laissez-moi Carpe devenir:
Je serai par vous repêchée.
Quelque gros Partisan[3] m'achètera bien cher:
Au lieu qu'il vous en faut chercher
Peut-être encor cent de ma taille
Pour faire un plat.
Quel plat? croyez-moi, rien qui vaille.
– Rien qui vaille? Eh bien soit, repartit le Pêcheur:
Poisson, mon bel ami, qui faites le Prêcheur,
Vous irez dans la poêle; et vous avez beau dire;
Dès ce soir on vous fera frire. »
Un tiens vaut, ce dit-on, mieux que deux tu l'auras;
L'un est sûr, l'autre ne l'est pas.

Jean de La Fontaine, *Fables*, 1668

1 **je tiens pour moi:** je pense
2 **fretin:** poisson de peu d'intérêt car trop petit
3 **partisan:** personne chargée de prélever les impôts

Gulliver et les Lilliputiens

Le naufrage Épisode 1

C'ÉTAIT déjà l'été dans cette partie du monde. Pourtant, ce cinq novembre, le temps devint soudain sombre. La tempête se leva. Poussé par le vent devenu furieux, le vaisseau sur lequel je voyageais s'échoua sur un récif dans un craquement sinistre.
Quelques hommes d'équipage et moi réussîmes à sauter dans une chaloupe. Nous nous efforçâmes à coups de rames de nous éloigner des rochers, mais bientôt une rafale plus forte que les autres renversa notre embarcation.

Je n'ai jamais su ce qu'étaient devenus mes compagnons. Hélas ! ils trouvèrent sans doute la mort dans les flots. Moi, je nageai comme je pus, luttant contre les vagues et la fatigue. J'étais au bout de mes forces et me laissai couler. Mais mes pieds touchèrent le fond : j'avais pied ! J'étais proche du rivage. Un bonheur ne venant jamais seul, la tempête s'était tue et la mer s'était calmée. Je pus marcher dans l'eau jusqu'à la terre ferme.
Là, je marchai encore un moment pour trouver du secours. Mais je ne rencontrai personne. Exténué, je finis par m'allonger sur l'herbe, et m'enfonçai dans un profond sommeil.

Je me réveillai sous la chaleur du soleil. Combien de temps s'était-il écoulé ? Je voulus me lever, mais je ne pus bouger : mes bras, mes jambes, les mèches de mes cheveux étaient fixées au sol. De fins cordages entouraient mon corps, depuis mes aisselles jusqu'à mes cuisses. Je ne pouvais pas même bouger la tête. La lumière m'éblouissait. J'entendais du bruit autour de moi. Cependant, dans la position dans laquelle je me trouvais, je ne pouvais voir que le ciel.
Bientôt, je sentis quelque chose grimper sur ma jambe gauche. Cela avança doucement sur ma poitrine et monta presque jusqu'à mon menton. Je pus alors apercevoir un minuscule être humain, haut de sept ou huit centimètres !
Il était armé d'un arc et de flèches et était suivi d'une quarantaine d'êtres semblables.

Compréhension

1. À ton avis, comment est-il possible que le cinq novembre se situe en été ?
2. Pour quelle raison Gulliver et ses compagnons sautent-ils dans une chaloupe ?
3. Qu'arrive-t-il à la chaloupe et à ses occupants ?
4. Que remarque Gulliver quand, à bout de force, il décide de se laisser couler ?
5. Que cherche Gulliver dès qu'il est sur la terre ferme ?
6. Pourquoi Gulliver s'allonge-t-il sur l'herbe ?
7. Pourquoi ne peut-il pas se lever lorsqu'il se réveille ?
8. Qu'aperçoit-il près de son menton ?

Lexique ▶ Les noms masculins en -age

« Quelques hommes d'**équipage** et moi… »
« De fins **cordages** entouraient mon corps. »

une action ou son résultat	un ensemble, une réunion de…
piloter → le pilot**age**	cordes → le cord**age**
aborder → l'abord**age**	personnes à bord → l'équip**age**
monter → le mont**age**	feuilles → le feuill**age**
découper → le découp**age**	plumes → le plum**age**
jardiner → le jardin**age**	poils → le pel**age**
patiner → le patin**age**	dalles → le dall**age**
apprendre → l'apprentiss**age**	outils → l'outill**age**

Les noms formés avec le suffixe **-age** sont **masculins**.
Attention, les noms se terminant par **-age** ne sont pas tous construits avec un suffixe : *un naufrage, un visage, l'âge, une cage, une image, la nage, la plage, la rage…*

Comment transporter un géant Épisode 2

Gulliver a fait naufrage sur la côte d'un pays inconnu, habité de minuscules êtres humains.

J'APPRIS plus tard que j'avais échoué dans un empire appelé Lilliput.
L'empereur du pays ordonna à ses gens de m'emmener jusqu'à la ville la plus proche où il pourrait m'étudier à loisir. Cinq mille charpentiers se hâtèrent de construire un immense chariot à vingt-deux roues.
La principale difficulté pour les Lilliputiens fut ensuite de m'élever et de me placer dessus.

Les ingénieurs inventèrent alors un système de perches, de cordes épaisses et de poulies. Neuf-cents hommes, choisis parmi les plus forts, réussirent ainsi à me soulever, m'installer et m'attacher sur le chariot, le tout en moins de trois heures. Cinq-cents chevaux furent alors attelés au véhicule et me traînèrent vers la capitale.

Une fois en ville, la voiture s'arrêta devant le bâtiment choisi pour m'héberger. Il s'agissait d'un ancien temple qui se trouvait être la plus grande construction de Lilliput. La porte en était suffisamment large et haute pour que j'y passe en rampant. Les Lilliputiens restaient prudents : les serruriers de l'Empereur attachèrent quatre-vingt-onze chaînes à ma jambe gauche. Ces chaînes étaient suffisamment longues pour me permettre de sortir devant le temple.
En face, de l'autre côté de la rue, il y avait une tour. C'était là que l'Empereur s'installa, avec plusieurs des seigneurs de sa cour, pour pouvoir m'observer à son aise.

J'étais une curiosité : tous les habitants de la ville, ou presque, vinrent me voir. Ils voulaient me dévisager, me palper, me renifler, m'explorer en somme. Sans les gardes qui me surveillaient et me protégeaient, nombre d'entre eux auraient grimpé sur mon corps pour mieux m'étudier. Certains avaient même apporté des échelles !
Ah ! les exclamations de surprise et de peur lorsque je me mis debout !

Compréhension

1. Dans quel pays Gulliver se trouve-t-il ?
2. Qu'ordonne l'Empereur ?
3. Comment les habitants pensent-ils déplacer Gulliver ?
4. Comment parviennent-ils à hisser Gulliver sur le véhicule ?
5. Pourquoi les Lilliputiens ont-ils choisi un ancien temple pour héberger Gulliver ?
6. Comment Gulliver entre-t-il et sort-il du temple ?
7. À ton avis, pourquoi Gulliver est-il attaché par quatre-vingt-onze chaînes ?
8. Quel rôle les gardes placés près de Gulliver jouent-ils ?
9. Comment les habitants réagissent-ils lorsque Gulliver se met debout ?

Rédaction ▶ Écrire une phrase au lieu de plusieurs (1)

1 L'empereur du pays ordonna de m'emmener jusqu'à la ville la plus proche.
2 Dans cette ville, il pourrait m'étudier à loisir.
→ L'empereur du pays ordonna de m'emmener jusqu'à la ville la plus proche où il pourrait m'étudier à loisir.

1 Ce bâtiment était un ancien temple.
2 Celui-ci se trouvait être la plus grande construction de Lilliput.
→ Ce bâtiment était un ancien temple qui se trouvait être la plus grande construction de Lilliput.
→ Ce bâtiment était un ancien temple dont la construction se trouvait être la plus grande de Lilliput.

Pour relier deux idées ou actions logiques, je peux écrire une **phrase complexe** au lieu de deux phrases simples.
Je **relie** les propositions par un petit mot appelé pronom relatif : *qui*, *que*, *dont*, *où*…

Un prisonnier extraordinaire Épisode 3

L'empereur de Lilliput ordonne que Gulliver soit emmené à la ville où il pourra l'étudier.

LA NOUVELLE de l'arrivée d'un homme extraordinairement grand s'était répandue dans tout le pays. Nombreux étaient ceux qui quittaient leur village et abandonnaient leurs terres pour venir voir le phénomène.
Mais les paysans devaient continuer de cultiver leurs terres, les artisans de fabriquer leurs produits manufacturés, les marchands de vendre leurs marchandises. Aussi l'Empereur décida-t-il d'intervenir. Il ordonna que chacun ne pourrait venir me voir qu'une fois, et que l'on devait retourner chez soi dès qu'on m'avait vu. Pas question de traîner en ville, loin de ses occupations habituelles ! Ceux qui désobéiraient risqueraient une forte amende.

Pendant que le peuple se divertissait, l'Empereur et ses ministres tinrent conseil : il fallait délibérer sur mon sort. Il fut décidé que je resterais prisonnier, car je paraissais bien dangereux aux yeux de ces gens de petite taille. Six-cents personnes furent nommées pour me nourrir et prendre soin de moi. Elles furent installées dans des tentes montées de chaque côté de la porte du temple. De même, trois-cents tailleurs furent choisis pour me faire un habit à la mode du pays. Et six hommes de lettres, parmi les plus savants de l'empire, furent chargés de m'apprendre la langue.
Je pus ainsi commencer à échanger avec les Lilliputiens et comprendre qui ils étaient et où j'étais arrivé.
L'Empereur m'honorait de visites fréquentes. Je crois qu'il m'aimait bien.

Je dois avouer que les premiers mots que j'appris furent pour demander à l'Empereur de me libérer. Je lui répétais cette supplique tous les jours à genoux. Cependant, chaque fois, sa réponse était la même : il fallait attendre encore un peu. C'était une décision qu'il ne pouvait prendre sans l'avis de son conseil. Il fallait d'abord que je prête serment de ne jamais les attaquer, lui et son peuple, et de toujours rester leur allié. En attendant, je serais traité le mieux possible.

Compréhension

1. Quelle est la conséquence de l'arrivée de Gulliver à Lilliput ?
2. Pourquoi l'Empereur décide-t-il que chacun ne peut venir voir Gulliver qu'une fois ?
3. À ton avis, que peut-il se passer si les paysans, les artisans et les marchands arrêtent de travailler ?
4. Qu'arrive-t-il à ceux qui désobéissent à la décision de l'Empereur ?
5. Quelle décision l'Empereur et ses ministres prennent-ils ?
6. Comment l'Empereur prend-il soin de Gulliver en plus de la nourriture ?
7. Que parvient à faire Gulliver grâce à l'apprentissage de la langue des Lilliputiens ?
8. Quelle est la première demande que Gulliver adresse à l'Empereur dès qu'il sait dire quelques mots ?
9. Quelle est la réponse de l'Empereur ?

Lexique

Le mot-clé libre

« Il fut décidé que je resterais **prisonnier**. »

LIBRE	
noms	personne • esprit • pays • place • logement • entrée • accès • voie • temps • moment • pensée • figure • sujet
synonymes	indépendant • disponible • inoccupé • vacant • affranchi
antonymes	dépendant • prisonnier • esclave • occupé • pris • réservé
famille de mots	liberté • librement • libérer • libérateur • libération
un mot, plusieurs sens	1 qui agit par soi-même, sans contrainte ou autorité extérieure 2 qui a la liberté de ses mouvements 3 qui n'est pas utilisé, occupé
expressions	avoir ou garder l'esprit libre • exercer son libre-arbitre • la voie est libre • libre comme l'air ou comme un oiseau

Mildendo Épisode 4

Gulliver est emprisonné en ville, dans le plus grand bâtiment disponible.

QUELQUES semaines plus tard, rassuré par mon attitude soumise, l'Empereur finit par accepter de me libérer. Ma première requête fut alors d'aller visiter Mildendo, la capitale de l'empire. L'Empereur me l'accorda. Bien sûr, il me recommanda de ne faire aucun mal aux habitants, ni aucun tort à leurs maisons. Le peuple fut averti de ne pas sortir dans la rue le temps de ma visite. Les remparts qui entouraient la ville étaient hauts et flanqués de larges tours. Ils étaient suffisamment épais pour qu'un carrosse puisse rouler dessus et faire le tour de la ville. Je passai par-dessus la muraille, puis je marchai très prudemment par la rue principale. Je plaquai contre mon corps les pans de ma veste, de peur d'endommager les bâtiments en les frôlant. J'avançais très lentement, attentif aux endroits où je posais mes pieds, car, malgré les ordres, quelques personnes étaient restées dehors. Les balcons, les fenêtres et même les gouttières étaient envahis d'une multitude de spectateurs. En me promenant, je pouvais voir que les boutiques et les marchés étaient bien fournis. Il s'agissait là sans aucun doute d'une ville très peuplée et prospère.

Le palais de l'Empereur, situé au centre-ville, était entouré d'une haute muraille. Curieux de le voir, j'enjambai le mur et entrai jusque dans

la cour intérieure. Puis, me couchant sur le côté, j'appliquai mon visage aux fenêtres du premier étage, qui avaient été laissées ouvertes. Je vis ainsi les appartements les plus magnifiques qu'on puisse imaginer. L'Impératrice et les jeunes princesses étaient dans leurs chambres, entourées de leur suite. Sa Majesté impériale voulut bien m'honorer d'un sourire très gracieux, et me donna par la fenêtre sa main à baiser.

Compréhension

1. Pourquoi l'Empereur accepte-t-il de libérer Gulliver ?
2. Une fois libéré, quel est le premier souhait de Gulliver ?
3. À ton avis, pourquoi demande-t-on aux habitants de Mildendo de ne pas sortir dans la rue lors de la visite de Gulliver ?
4. Est-ce que les remparts sont un obstacle pour Gulliver ?
5. Pourquoi plaque-t-il les pans de sa veste contre son corps lors de sa visite ?
6. Est-ce que Gulliver attire la curiosité des habitants de Mildendo ?
7. Pourquoi pénètre-t-il dans la cour intérieure du palais de l'Empereur ?
8. Par quel geste montre-t-il son respect à l'Impératrice ?

Rédaction ▶ **Écrire une phrase au lieu de plusieurs** (2)

1 Gulliver se coucha.
2 Il mit son visage aux fenêtres du premier étage.
3 Il admira les appartements.

→ Gulliver se coucha, mit son visage aux fenêtres du premier étage et admira les appartements.

Lorsque des phrases simples s'enchaînent logiquement, je peux n'en écrire qu'une seule. J'**ajoute** + une virgule (,) entre chaque proposition de la **phrase complexe**. Je termine par *et* pour la dernière proposition.

La guerre pour un œuf ! Épisode 5

Au bout de plusieurs semaines, l'Empereur, rassuré par l'attitude de Gulliver, libère ce dernier et lui donne la permission de visiter la capitale lilliputienne.

LE TEMPS s'écoulait. Je commençais à m'habituer à mon statut de curiosité de foire.

Un beau jour, Reldresal, ministre des Affaires particulières, se rendit chez moi.

« Nous sommes menacés d'une invasion de la part de l'île de Blefuscu », me dit-il, l'air préoccupé. « Cet empire voisin est presque aussi grand et aussi puissant que le nôtre. Or nos deux nations sont en guerre. En voici la raison historique : chacun sait qu'à l'origine, pour manger un œuf à la coque, on le cassait par le gros bout. Or, l'aïeul de notre Empereur actuel, étant enfant, voulut un jour manger un œuf en le cassant de cette façon et s'entailla le doigt. L'Empereur, son père, ordonna alors à tous ses sujets d'ouvrir leurs œufs par le petit bout. Ceux qui désobéiraient seraient arrêtés et jetés en prison. Nos historiens disent que cette loi fut si impopulaire qu'elle provoqua six révoltes. On estime aujourd'hui à onze-mille le nombre de ceux qui ont préféré mourir plutôt que de casser leur œuf par le petit bout. Un de nos empereurs perdit la vie, un autre sa couronne. Les opposants à la loi avaient l'appui des souverains de Blefuscu, qui estimaient que chacun devait pouvoir choisir sa façon de manger un œuf. Aussi les rebelles se réfugièrent-ils dans ce royaume.

Et voici que, il y a trente-six mois, le conflit a ouvertement éclaté entre les deux empires. Sans vainqueur pour le moment. Il nous a coûté, jusqu'à présent, la perte de quarante navires de guerre et de trente-mille de nos meilleurs soldats. On estime que les pertes de l'ennemi sont encore plus considérables. Blefuscu vient cependant d'armer une flotte redoutable : elle s'apprête à débarquer sur nos côtes. Or, Sa Majesté, confiant dans votre force et votre soutien, souhaite savoir si elle peut compter sur votre aide. »

Je répondis au ministre de rassurer l'Empereur : j'étais prêt à sacrifier ma vie pour défendre sa personne et son royaume contre ses ennemis. Il me quitta très satisfait de ma réponse.

Compréhension

1. À quoi Gulliver se compare-t-il au début de cet épisode ?
2. Quelle menace pèse sur Lilliput ?
3. Quel événement est à l'origine de la décision impériale de casser les œufs par le petit bout ?
4. Quelle a été la conséquence de cette loi impopulaire ?
5. Que pensent les souverains de Blefuscu de la loi prise par le père de l'aïeul de l'empereur de Lilliput ?
6. Depuis quand la guerre entre Lilliput et Blefuscu dure-t-elle ?
7. Quelle demande l'empereur de Lilliput adresse-t-il à Gulliver par l'intermédiaire de son ministre ?
8. Quelle est la réponse de Gulliver à la demande de l'Empereur ?
9. Pourquoi, selon toi, l'auteur a-t-il imaginé qu'une histoire d'œufs était à l'origine de la guerre entre Lilliput et Blefuscu ?

Lexique ▶ La guerre

« Nous sommes menacés d'une **invasion**… »
« Or nos deux nations sont en **guerre**. »
« … le **conflit** a ouvertement éclaté entre les deux empires. »

synonymes	antonymes
invasion • envahissement • conquête	guerre • paix
révolte • conflit • guerre	allié • ennemi
soldat • combattant • guerrier	victoire • défaite
force • soutien • appui	vainqueur • vaincu
opposant • rebelle • insurgé	inoffensif • redoutable
éclater • se déclencher • se déclarer	occuper • libérer
se réfugier • s'exiler • s'expatrier	armer • désarmer
sacrifier sa vie • donner sa vie	attaquer • défendre

Le plan de Gulliver Épisode 6

Lilliput est menacée d'invasion par l'île de Blefuscu. L'Empereur demande son aide à Gulliver, qui la lui accorde bien volontiers.

BLEFUSCU était une île située au nord-est de Lilliput, et n'en était séparée que par un canal large de huit cents mètres.

Selon les espions lilliputiens, les vaisseaux ennemis étaient dans le port, prêts à mettre à la voile au premier vent favorable. Je consultai des géographes qui m'assurèrent que le canal n'était pas trop profond pour moi. Je conçus alors un plan pour me rendre maître de toute la flotte ennemie. Je l'expliquai à l'Empereur qui me donna l'autorisation de le réaliser.

Voici alors ce que je fis : je me rendis en cachette sur la côte nord-est, en face de Blefuscu. Je me couchai derrière une colline, et, grâce à ma longue-vue, je pus compter cinquante navires de guerre au mouillage dans le port. Retournant discrètement en ville, j'ordonnai de fabriquer une grande quantité de cordes, les plus solides possible, ainsi que de grands crochets de fer. Les cordes devaient être environ de la grosseur d'une aiguille à tricoter. Je triplai chaque corde pour la rendre encore plus résistante. Puis j'y attachai un crochet. Je retournai sur la côte et, après m'être déshabillé, j'entrai dans la mer. Je marchai d'abord dans l'eau aussi vite que je pus. Je nageai ensuite au milieu, jusqu'à ce que j'eusse de nouveau pied. J'arrivai dans le port de Blefuscu en moins d'une demi-heure. Les hommes sur les navires furent si surpris de me voir qu'ils sautèrent tous à l'eau comme des grenouilles et s'enfuirent à terre. J'attachai alors un crochet à la proue de chaque vaisseau. Je coupai tous les câbles des ancres, puis tirai aisément les cinquante navires et les entraînai avec moi.

Entouré de toute sa cour, l'Empereur était sur le rivage, espérant le succès de mon entreprise. D'où ils étaient, on voyait avancer une flotte impressionnante en ordre de bataille. Comme je nageais et que seule ma tête dépassait de l'eau, les Lilliputiens ne virent pas tout de suite que c'était moi qui la tirais vers eux. L'Empereur crut que j'avais échoué et que l'ennemi s'approchait pour attaquer.

Cependant dès que j'eus de nouveau pied, je me redressai. Je criai alors d'une voix forte : « Vive l'Empereur ! »
Reconnaissant, l'Empereur me nomma sur-le-champ *nardac*, qui est le plus haut titre d'honneur chez les Lilliputiens.

D'après Jonathan Swift, *Les Voyages de Gulliver*, 1721

Compréhension

1. Qui Gulliver consulte-t-il avant de concevoir son plan d'attaque ?
2. À qui demande-t-il l'autorisation de le réaliser ?
3. Grâce à quel instrument parvient-il à compter les bateaux ennemis ?
4. Quel ordre donne-t-il alors aux Lilliputiens ?
5. Que fait Gulliver avec les crochets ?
6. À ton avis, pourquoi Gulliver doit-il nager au milieu du canal ?
7. Peux-tu décrire le plan de Gulliver ?
8. Est-ce que son plan d'attaque a fait des victimes parmi les soldats de Blefuscu ? Pourquoi ?
9. Pourquoi l'Empereur croit-il un moment que le plan de Gulliver a échoué ?
10. Quelle récompense l'Empereur accorde-t-il à Gulliver ?

Rédaction ▶ Réduire une phrase longue

Gulliver tripla chaque corde, y attacha un crochet, retourna sur la côte, se déshabilla, entra dans la mer, marcha d'abord dans l'eau, nagea ensuite au milieu et arriva au port de Blefuscu.

→ 1 Gulliver tripla chaque corde et y attacha un crochet. 2 Il retourna sur la côte. 3 Il se déshabilla et entra dans la mer. 4 Il marcha d'abord dans l'eau, nagea ensuite au milieu et arriva au port de Blefuscu.

Pour réduire une phrase trop longue, je la coupe en phrases courtes. Je relie dans une phrase les actions logiques.

Rédaction ▶ Écrire à partir du mot libre

Étape 1 ▷ J'écris une phrase.

- Je rédige une phrase sur une personne ou un animal qui devient libre.

Le léopard Swali est enfin **libre** !

Étape 2 ▷ J'invente une histoire.

- Qui est le prisonnier ? Où est-il emprisonné ? Pourquoi ?
- Depuis combien de temps attend-il sa libération ?
- Qui est le libérateur ? Comment libère-t-il le prisonnier ?
- Quelle attitude a le prisonnier vis-à-vis de son libérateur ?

Étape 3 ▷ J'écris mon texte.

Dans un vieux hangar, un léopard est enfermé dans une grande cage en fer. Il s'appelle Swali. L'accès au hangar est surveillé jour et nuit par un gardien. Le félin a été capturé dans la savane, car sa peau vaut très cher et sera bientôt vendue.

Cela fait plus d'une semaine qu'il a été attrapé.

Cette nouvelle est parvenue à Aya, une jeune habitante du village. Courageuse et déterminée, elle veut par tous les moyens libérer l'animal menacé. Un matin, elle se présente devant le gardien et simule une grave blessure au pied. Alors que le surveillant part à la recherche de secours, elle saisit son trousseau de clés et se faufile dans le hangar. Elle trouve rapidement la clé qui convient et ouvre la cage. Le léopard sort.

Swali est enfin libre ! Avant de prendre la fuite, il lance à Aya un regard plein de gratitude.

- J'écris une phrase complexe pour relier plusieurs idées ou actions logiques.
- Je privilégie des phrases courtes si ma phrase est trop longue.

J'apprends un poème

Le long des quais

Le long des quais les grands vaisseaux,
Que la houle incline en silence,
Ne prennent pas garde aux berceaux
Que la main des femmes balance.
Mais viendra le jour des adieux ;
Car il faut que les femmes pleurent
Et que les hommes curieux
Tentent les horizons qui leurrent[1].
Et ce jour-là les grands vaisseaux,
Fuyant le port qui diminue,
Sentent leur masse retenue
Par l'âme des lointains berceaux.

René-François Sully Prudhomme,
Stances et poèmes, 1865

1 **leurrer :** tromper

Lancelot et la Dame du Lac

La fuite du roi Ban de Bénoïc Épisode 1

EN CE TEMPS-LÀ, il y a bien longtemps, deux rois se partageaient le territoire situé entre la Gaule et la Bretagne. Ils s'appelaient Ban de Benoïc et Bohort de Gaunes. Ils étaient frères et avaient épousé deux sœurs.

L'histoire commence tandis que Claudas, roi d'un royaume voisin, voulut conquérir les terres de Ban de Benoïc. C'était un féroce guerrier et son armée était aguerrie. Or, il réussit à s'emparer de la ville de Benoïc et de toutes les terres du roi Ban. Un seul château résistait encore, et le roi Ban, sa jeune épouse Hélène et son fils nouveau-né s'y étaient réfugiés. Tandis que Claudas assiégeait la place-forte, Ban de Benoïc envoya plusieurs messagers de l'autre côté de la mer, en Angleterre. Il s'adressait au roi des Bretons, Arthur, pour lui demander de l'aide. Malheureusement, le roi Arthur était fort occupé à maintenir la paix dans son propre royaume. Le roi Ban décida alors d'aller demander en personne de l'aide au roi Arthur. Il dit à Hélène : « Mon seigneur le roi aura plus grande pitié si je me présente à la cour en personne, au lieu de lui envoyer un messager. Préparez-vous donc, car vous viendrez avec moi. Nous n'emmènerons avec nous que notre fils et un écuyer. »

Ils partirent la nuit même, dans l'obscurité la plus totale : la lune était cachée derrière une couverture épaisse de nuages. Après avoir traversé le marais qui bordait le château, ils pénétrèrent dans la forêt. Une demi-lieue plus loin, il y avait une très belle plaine. Au bout de cette plaine brillait un lac, en bas d'une colline qui dominait tout le pays. Le jour se levait quand ils y arrivèrent.

Ils avaient marché toute la nuit et étaient épuisés. S'étant suffisamment éloignés du château assiégé, le roi Ban décida de faire halte près du lac. Tandis que sa femme et son fils se reposaient, il monta au sommet de la colline pour regarder une dernière fois la forteresse qu'il aimait tant.

Compréhension

1. Que veut le roi Claudas ?
2. Pourquoi le roi Ban de Benoïc doit-il se réfugier dans son dernier château ?
3. Pourquoi le roi Arthur ne répond-il pas favorablement aux messages envoyés par le roi Ban de Benoïc ?
4. Que décide alors le roi Ban de Benoïc ?
5. Qui l'accompagne dans ce voyage ?
6. Où le roi Ban décide-t-il de s'arrêter pour se reposer ?
7. Que fait-il pendant que sa femme et son fils se reposent ?

Lexique ▶ Transformer un verbe en nom

« … deux rois se partageaient le territoire. »

- Deux rois se partageaient le territoire.
  → Le partage du territoire des deux rois.
- Claudas voulut conquérir les terres de Ban de Benoïc.
  → La conquête des terres de Ban de Benoïc.
- Il assiégeait la place forte.
  → Le siège de la place forte.
- Le roi Ban et Hélène partirent la nuit.
  → Le départ de nuit.
- Sa femme et son fils se reposaient.
  → Le repos de sa femme et de son fils.
- Le roi Ban monta au sommet de la colline.
  → La montée du sommet de la colline.

Pour formuler un titre ou reformuler une idée, je **remplace** le verbe et son complément par un nom et un complément du nom.

Lancelot et la Dame du Lac

L'enlèvement du fils de Ban Épisode 2

Ban et sa famille font une halte dans leur fuite, près d'un lac. Le roi monte sur une colline pour voir une dernière fois son château.

La clarté du jour permettait de distinguer nettement les murs et le haut donjon. Mais il vit une épaisse fumée s'en élever. De hautes flammes rougissaient l'air tout autour. Des nuages de cendres percés d'étincelles épaississaient l'atmosphère. De toutes parts, des gens fuyaient le château en proie au feu.
Le roi Ban regarda brûler son dernier espoir de reconquérir sa terre. Il avait tout perdu. De douleur, son cœur s'arrêta de battre. Il tomba sans vie sur le sol.

Cependant la reine attendait son seigneur au pied de la colline. Elle avait pris son enfant dans ses bras et disait en le berçant et l'embrassant :
– Tu es si beau, mon enfant. À l'âge de vingt ans, tu seras le Sans-Pareil, le plus beau des beaux.
Elle vit alors le cheval de son époux, effrayé par la chute de son maître, descendre seul de la colline. Inquiète, elle ordonna à l'écuyer de ramener sa monture au roi. Mais bientôt, elle entendit un grand cri : le valet avait trouvé Ban gisant à terre. Dans l'affolement, elle posa son fils sur l'herbe et courut jusqu'au sommet du coteau.

Au bout d'un long moment seulement, la pensée de son fils, abandonné au bord du lac, lui revint à l'esprit. Saisie tout à coup de crainte pour l'enfant, elle se précipita en bas de la colline. Il n'était plus dans son berceau. Sur la rive du lac, une femme inconnue le tenait tendrement serré contre elle.
« Douce amie, s'écria Hélène du plus loin qu'elle la vit, pour l'amour de Dieu reposez cet enfant ! Suffisamment de malheurs et de chagrins l'attendent : son père est mort et il a perdu ses terres. »
Mais la demoiselle ne répondit rien. Voyant la reine s'approcher, elle s'avança vers le lac, l'enfant dans ses bras, et s'enfonça dans ses eaux.
La demoiselle qui avait enlevé le fils de Ban était une fée. En ce temps-là, on appelait « fées » les femmes qui connaissaient les sortilèges et les enchantements. Elles savaient la vertu des paroles, des pierres et des plantes et pouvaient en user pour rester jeunes, riches et belles.

Compréhension

1. Que comprend le roi Ban quand il voit son château en feu ?
2. Que lui arrive-t-il ?
3. Le roi est-il monté à pied au sommet de la colline ?
4. Pourquoi la reine envoie-t-elle l'écuyer au sommet de la colline ?
5. Pourquoi la reine se précipite-t-elle vers le sommet ?
6. Où se trouve le fils de la reine lorsqu'elle part vers le sommet de la colline ?
7. Où se trouve le fils de la reine quand elle redescend de la colline ?
8. Que fait la fée quand la reine s'avance pour récupérer son enfant ?

Rédaction ▶ Définir l'aventure

aventure	• la libération d'un roi, d'une reine ou d'un chevalier • la disparition d'un objet ou d'une personne • la reconquête d'un lieu pris par un ennemi • l'affrontement contre une bête maléfique • la fin d'un sortilège ou d'un maléfice • la découverte d'un secret…
confiée par…	le roi Arthur • la reine Guenièvre • la fée Viviane (la Dame du Lac) • la fée Morgane • la Dame de Nohant • Merlin l'enchanteur…
lieux	un palais • un château • une forteresse • un bois • une forêt (Camelot, Brocéliande) • un lac • un tombeau • une fontaine • un rocher • une île…

1. Je formule le titre de l'aventure avec un nom et un complément du nom : *la disparition du diadème de la reine Guenièvre*

2. Je choisis le personnage qui lui confie sa mission : *Le roi Arthur désigne Lancelot pour retrouver la couronne.*

3. Je définis les lieux de l'aventure : *le palais de la reine, le château d'Eylan.*

L'enfance de Lancelot Épisode 3

Une fée enlève l'enfant de Ban à sa mère. Le nourrisson dans les bras, elle disparaît dans le lac.

LES FÉES étaient nombreuses en Bretagne. Cela remonte au temps de Merlin l'enchanteur. C'est d'ailleurs auprès de ce dernier que la demoiselle de notre histoire avait acquis toute sa science. Elle se nommait Viviane, mais se faisait appeler la Dame du Lac depuis que Merlin lui avait fait cadeau d'un enchantement : le lac dans lequel elle avait semblé s'enfoncer avec l'enfant n'était qu'une illusion. Il cachait un palais auprès duquel coulait une rivière. Viviane y vivait, entourée de dames, de demoiselles, et de braves chevaliers.

Voyant le bel enfant abandonné au bord de son lac, la Dame du Lac l'aima immédiatement. Elle décida qu'elle élèverait cet enfant, aidée d'une douce nourrice, puis d'un bon maître. Elle le prit alors dans ses bras, et, sourde aux suppliques de la mère de l'enfant, elle l'emmena avec elle dans son palais.

Nul ne connaissait le nom du garçon. Les uns l'appelaient Beau Trouvé, les autres Fils de Roi. La Dame du Lac le nommait Lancelot. Et lui aimait la Dame du Lac comme sa mère.

Il devint un beau garçon qui, à trois ans, en paraissait cinq. Il était sage, intelligent et avait l'esprit vif. Son éducation était de celle que l'on réserve aux fils de roi : il apprit à chasser à l'arc, à chevaucher, à jouer aux échecs et à d'autres jeux d'esprit, à chanter. Il grandissait en intelligence, en noblesse et en beauté.

Jusqu'à dix-huit ans, Lancelot demeura dans le palais de la Dame du Lac. Et elle aurait bien voulu le retenir davantage, tant elle l'aimait. Mais il était maintenant en âge de devenir chevalier, et elle savait qu'elle ne pourrait le garder auprès d'elle plus longtemps.

Un jour, il tua à la chasse le plus grand cerf qu'il eût jamais vu. Il fit porter la bête à la Dame par deux valets. Mais lui resta dans la forêt. Il se reposa toute la journée sur l'herbe à l'ombre d'un chêne, tant la journée était belle et chaude. Et, toute la journée, il fut pensif. Le soir, il retourna au palais du lac.

Compréhension

1. Auprès de qui la demoiselle de l'histoire a-t-elle appris les sortilèges et les enchantements des fées ?
2. Pourquoi la fée Viviane se fait-elle appeler la « Dame du Lac » ?
3. Pourquoi ne peut-on pas voir le palais de la Dame du Lac ?
4. À ton avis, la Dame du Lac fait-elle une bonne action en recueillant l'enfant abandonné au bord de son lac ?
5. Quel nom la Dame du Lac donne-t-elle à l'enfant ?
6. Qu'enseigne-t-on à Lancelot ?
7. Que souhaite-t-il devenir à dix-huit ans ?
8. À ton avis, Lancelot sait-il bien manier les armes ?

Lexique ▶ Les adjectifs en -if, -eux, -ant

« Il était sage, intelligent et avait l'esprit **vif**. »

-if/-ive	-eux/-euse	-ant/-ante
vif	soigneux	charmant
agressif	respectueux	bienveillant
compréhensif	audacieux	compatissant
craintif	ennuyeux	ennuyant
attentif	orgueilleux	bruyant
persuasif	paresseux	accueillant

un garçon plein / une fille pleine → de vivacité → un garçon vif / une fille vive

un garçon plein / une fille pleine → de respect → un garçon respectueux / une fille respectueuse

un garçon plein / une fille pleine → de charme → un garçon charmant / une fille charmante

Les adjectifs en **-if/ive**, **-eux/euse** ou **-ant/-ante** désignent généralement des qualités ou des défauts.

Devenir chevalier Épisode 4

Lancelot, le fils de Ban, ignorant sa véritable identité, grandit en force et en intelligence auprès de la Dame du Lac.

LANCELOT ressemblait à un homme des bois, avec sa courte cotte verte, sa couronne de feuilles sur la tête pour se protéger du soleil et son carquois pendu à la ceinture. À le voir si beau, la Dame du Lac sentit l'eau du cœur lui monter aux yeux.

Il s'adressa en ces termes à sa mère adoptive :

– Je voudrais me rendre à la cour du roi Arthur, pour servir quelque chevalier jusqu'à ce qu'il me fasse chevalier moi-même.

– Ha ! beau Fils de Roi, désirez-vous tant être chevalier ?

– Oh oui ! C'est ce à quoi j'aspire le plus au monde.

– Savez-vous tout ce que cela implique ? Un chevalier doit posséder de nombreuses qualités de corps, mais surtout de cœur. Ce n'est pas par noblesse de sang que l'on devient chevalier. C'est par noblesse d'âme. Pour protéger les faibles, seuls sont choisis les plus forts, les plus loyaux, les plus hardis, les plus courtois. Les chevaliers doivent être à la fois bienveillants envers les humbles, compatissants envers ceux qui souffrent, durs comme le diamant envers les traîtres et les violents, justes juges sans amour et sans haine. Et craindre le déshonneur plus que la mort. Tels sont les devoirs auxquels s'engage celui qui se fait adouber chevalier.

– Ma Dame, dit enfin Lancelot, je mettrai tout mon cœur, tout mon corps, toute ma peine et tout mon travail à acquérir les qualités que l'on attend d'un chevalier.

– Votre vœu sera donc réalisé sous peu, répondit la Dame du Lac en soupirant. Et vous serez adoubé par le plus sage et le plus droit des hommes : le roi Arthur. Nous partirons dans quelques jours, le temps de nous préparer.

Le vendredi avant la Saint-Jean, le roi Arthur et sa suite partirent à la chasse dans la forêt de Camelot. Ils rencontrèrent sur le chemin du retour un cortège à la belle allure. Il était composé de valets, d'écuyers et de quelques demoiselles entourant une belle dame et un jeune homme magnifique, tous de blanc vêtus. Même les chevaux étaient couleur de neige.

Compréhension

1. Avec quelle arme Lancelot a-t-il tué le cerf ? Comment le sais-tu ?
2. Que demande Lancelot à sa mère adoptive, la Dame du Lac ?
3. Est-ce qu'on devient automatiquement chevalier si son père a été chevalier ?
4. Qui choisit-on pour protéger les plus faibles ?
5. Est-ce que Lancelot possède déjà toutes les qualités nécessaires pour devenir chevalier ?
6. À ton avis, comment la Dame du Lac peut-elle savoir que Lancelot sera adoubé par le roi Arthur en personne ?
7. Qui sont la belle dame et le jeune homme magnifique que le roi Arthur rencontre dans la forêt de Camelot ?

Rédaction ▶ Les obstacles et les aides

obstacles	aides
• des gardes, des chevaliers redoutables… • des animaux féroces • une muraille, une forteresse, une tour infranchissable… • un orage, une tempête… • des pièges	• des personnages aux pouvoirs magiques : fée, magicien, elfe, lutin… • des objets aux pouvoirs magiques : épée, écu, potion, baguette, miroir…

obstacle : le redoutable chevalier Gahelut et ses gardes

héros : Lancelot

aide : l'épée puissante du roi d'Arthur

Je détermine les obstacles et les aides que va rencontrer le héros.

La rencontre avec le roi Arthur Épisode 5

Lancelot désire devenir chevalier. Aussi sa mère adoptive l'emmène rencontrer le roi Arthur, car c'est celui-ci qui l'adoubera.

ÉMERVEILLÉ, le roi s'arrêta. Cependant la dame, reconnaissant Arthur, alla à sa rencontre.
– Sire, je suis la Dame du Lac. Je viens de loin pour vous demander une faveur.
– Demoiselle, répondit courtoisement le roi, à condition qu'elle ne me coûte ni l'honneur ni la perte de mes amis, je vous l'accorderai bien volontiers.
– Sire, grand merci ! Je vous demande d'armer chevalier ce jeune homme qui m'accompagne, lorsqu'il vous le demandera.
– Belle amie, c'est moi qui vous remercie de me confier ce fier jeune homme.
Elle prit alors congé du roi, laissant à ses côtés Lancelot au comble de la joie. Arthur se tourna vers les chevaliers qui l'accompagnaient. Il dit à celui qui portait le nom d'Yvain le Grand : « Je vous confie ce jeune homme, car vous êtes le mieux placé pour lui apprendre les usages. »

Le lendemain matin, Lancelot alla trouver monseigneur Yvain et il le pria de demander au roi Arthur de l'armer chevalier à la Saint-Jean, qui se trouvait être le jour suivant.
« Comment, mon ami, déjà ? lui dit son hôte. Ne faudrait-il prendre le temps d'apprendre le métier des armes ? L'oisillon qui s'élance avant de savoir voler tombe à terre. »
Mais le jeune homme insista, assurant qu'il avait déjà une grande connaissance du métier des armes et qu'il était prêt. Messire Yvain se rendit donc près du roi.
– Le jeune homme vous fait demander de l'armer chevalier.
– Parlez-vous du jeune homme vêtu de blanc ? demanda celui-ci. Celui que nous avons rencontré hier ? À vrai dire, je crois qu'il sera un bon chevalier, car il semble de bonne lignée. Allez le chercher et ramenez-le au château.
Lorsque Lancelot traversa la ville, le bruit s'était déjà répandu qu'un bel inconnu tout de blanc vêtu serait fait chevalier le lendemain et qu'il se rendait à la cour.
Son chemin était bordé de chaque côté par une foule de curieux.

Dès qu'il mit pied à terre devant le château, la nouvelle circula de pièce en pièce, et tous, chevaliers, dames et demoiselles, avaient hâte de le voir. Même la reine Guenièvre était intriguée.

Compréhension

1. Quelle faveur la Dame du Lac demande-t-elle au roi Arthur ?
2. À quelles conditions le roi Arthur lui accorde-t-il la faveur demandée ?
3. Est-ce que Lancelot est attristé par le départ de la Dame du Lac ?
4. Que fait le roi Arthur de Lancelot ?
5. Pourquoi Yvain est-il surpris par la demande de Lancelot ?
6. Quelle image Yvain emploie-t-il pour faire comprendre à Lancelot que sa demande arrive trop tôt ?
7. Comment peux-tu savoir que le roi semble accepter sa demande ?
8. Quel personnage important voudra également voir Lancelot ?

Lexique ▶ Les adverbes en -ment, -emment, -amment

« … répondit **courtoisement** le roi. »

Les adverbes qui se terminent par **-ment**, **-emment**, **-amment** précisent la manière dont se déroule l'action.

-ment	de façon courtoise → courtoisement sérieuse → sérieusement
-amment	de façon puissante → puissamment élégante → élégamment
-emment	de façon intelligente → intelligemment prudente → prudemment

Les adverbes en **-ment** se forment à partir de l'adjectif au féminin.

Les adjectifs en **-ant** et **-ent** forment des adverbes en **-amment** et **-emment**. Ceux-ci se prononcent de la même manière.

Lancelot à la cour du roi Arthur Épisode 6

Guidé par Yvain, Lancelot se rend au château du roi Arthur où il sera adoubé le lendemain avec d'autres jeunes hommes.

LANCELOT pénétra dans la salle du trône où l'attendait le couple royal. Tandis qu'il s'inclinait, son regard croisa celui de Guenièvre. Celle-ci était aussi curieuse qu'émue par la grande beauté du garçon. Elle espérait secrètement qu'il fût aussi beau d'âme que de corps. Lancelot, lui, fut touché au cœur par celle qu'il trouva être la plus belle femme du monde.

– Comment s'appelle ce jeune homme ? demanda la reine Guenièvre. D'où vient-il ?

– Je ne sais pas, ma Dame, répondit Yvain. À l'entendre parler, je dirais qu'il vient de la Petite Bretagne.

Lancelot passa la nuit en prière, avec les autres garçons qui devaient être adoubés en même temps que lui. Au matin, ils reçurent du roi trois coups du plat de l'épée sur la nuque qu'on appelle la colée. Puis Arthur commença de remettre leur épée aux nouveaux chevaliers.

Mais, alors qu'il ne lui restait plus à armer que le Chevalier Blanc – ainsi que chacun appelait maintenant le jeune inconnu –, l'arrivée d'une demoiselle interrompit la cérémonie.

« Roi Arthur, la Dame de Nohant vous salue. Elle m'envoie vous demander secours, car le roi de Northumberland, seigneur d'un royaume voisin, a envahi sa terre. Pour mettre un terme à cette guerre sans plus faire de victimes, déjà trop nombreuses, elle a obtenu de son agresseur ceci : un chevalier de son choix pourra défendre son droit contre le champion de l'envahisseur. Aussi vous demande-t-elle de lui envoyer le meilleur de vos chevaliers. »

Ayant entendu ceci, le Chevalier Blanc s'exclama : « Sire, j'irai. » Et, voyant le roi hésiter, il rajouta : « Chargez-moi de porter secours à cette dame. Je ferai mes preuves en tant que chevalier et vous serez rassuré quant à ma valeur. »

« Demoiselle, dit enfin Arthur, allez retrouver votre Dame et rassurez-la : je lui envoie un chevalier de grande lignée ! »

Lancelot prit alors son épée et se rendit dans les appartements de la reine Guenièvre.

– Ma Dame, je viens prendre congé de vous, dit-il en s'agenouillant devant elle.
– Vous vous en allez déjà ?
– Je vais porter secours à la Dame de Nohant, au nom du roi. Mais je ne suis pas encore tout à fait chevalier. Le roi ne m'a pas armé. S'il vous plaît, ma Dame, donnez-moi mon épée, dit-il en lui présentant son arme, et ainsi je serai votre chevalier.
Et ainsi fut fait.

Compréhension

1. Quel sentiment Lancelot éprouve-t-il pour la reine Guenièvre ?
2. Comment Yvain devine-t-il que Lancelot vient de la Petite Bretagne ?
3. Que font les jeunes nobles la nuit avant de devenir chevalier ?
4. Par quel signe le roi leur accorde-t-il le rang de chevalier ?
5. Pourquoi le roi Arthur ne donne-t-il pas son épée à Lancelot ?
6. Quel arrangement pourra mettre fin à la guerre entre La Dame de Nohant et le roi de Northumberland ?
7. Que demande la demoiselle qui a interrompu la cérémonie ?
8. Comment réagit Lancelot quand il entend sa demande ?
9. Arthur accepte-t-il d'envoyer Lancelot auprès de la Dame de Nohant ?
10. Qui remet son épée à Lancelot ?

Rédaction ▶ Les péripéties de l'aventure

- **1re péripétie :** Dans les landes et forêts, Lancelot ne savait où aller.

Résolution → La fée Morgane fit apparaître dans l'eau d'une fontaine l'image du lieu où était caché le diadème volé.

- **2e péripétie :** Le château d'Eylan était infranchissable.

Résolution → Lancelot profita de l'arrivée d'un marchand pour se cacher dans sa charrette et pénétrer secrètement dans l'enceinte.

J'imagine des péripéties à l'aventure de Lancelot et indique comment il va surmonter les épreuves.

La Douloureuse Garde Épisode 7

Lancelot s'est porté volontaire pour porter secours à la Dame de Nohant : il défendra son droit contre le champion de l'envahisseur de Nohant.

ACCOMPAGNÉ d'un écuyer qui portait ses armes, Lancelot chevauchait en direction de la cité de Nohant. Il laissait aller ses pensées au gré des pas de son cheval et la plupart de ses songeries retournaient auprès de la reine Guenièvre.

Cependant, la succession de forêts et de hameaux prospères laissa bientôt place à un paysage désolé, qui tira le chevalier de ses songes. Le pays était ravagé, les récoltes pillées et les maisons incendiées.

Arrivé au château, Lancelot se présenta à la Dame de Nohant. Celle-ci lui indiqua le lieu où l'attendait le champion du roi de Northumberland. Le jeune homme prit sa lance et se plaça sur la lande choisie pour la bataille. Loin en face de lui, se tenait le champion de l'envahisseur de Nohant. Au signal, le Chevalier Blanc lança son cheval au galop,

tandis que son adversaire chargeait. La lance de Lancelot frappa l'écu de l'autre avec une telle force que celui-ci vola par-dessus la croupe de son destrier. Lancelot sauta à terre, car jamais il n'eût attaqué un homme à terre en restant à cheval. Il triompha du chevalier ennemi jeté à terre sans trop de difficulté.

Le roi de Northumberland, voyant son champion à terre, reconnut sa défaite et demanda la paix.
Lancelot avait été légèrement blessé au cours du combat. Il resta donc quelques jours au château de la dame de Nohant, le temps de se soigner et de se reposer.
La Dame du Lac lui fit envoyer alors une des demoiselles de sa suite, celle qui portait le nom de Saraide.
– Comment se porte ma mère ? lui demanda Lancelot.
– À merveille, bien que vous lui manquiez énormément. C'est elle qui m'envoie vous dire ceci : demain, vous connaîtrez le nom de votre père et de votre mère. Vous saurez qui vous êtes. Pour cela, vous irez jusqu'au fier château que vous voyez là-bas.

Elle montrait par la fenêtre une colline assez proche. « On l'appelle la Douloureuse Garde parce que les chevaliers qui se sont présentés pour délivrer le château sont tous morts ou prisonniers. La forteresse a deux murailles, chacune percée d'une porte que défendent dix chevaliers. Pour réussir, il vous faudra les vaincre tous.
Pour vous aider dans cette entreprise, la Dame du Lac vous donne ces trois écus. Le premier, décoré d'une bande vermeille, ajoute à la force de celui qui le porte celle d'un homme. Le deuxième, aux deux bandes vermeilles, la force de deux hommes. Et le troisième, à triple bande, celle de trois hommes. »

Le lendemain matin, au lever du jour, le Chevalier Blanc gravit la colline. Tandis qu'il chevauchait, le ciel soudain devint obscur. Le vent se leva. Des tourbillons de poussière tournaient autour de lui. Les éclairs déchirèrent les nuages menaçants. La pluie se mit à tomber, tandis que la foudre fracassait des arbres. Comme pour décourager le Chevalier blanc de se rendre à la Douloureuse Garde, une tempête aussi violente que soudaine faisait rage. Mais ce dernier maintint son écu sur sa tête pour se protéger de l'orage et continua d'avancer.
Le vent s'épuisa, la pluie s'affaiblit, et la tempête s'apaisa.

Lancelot, finalement, parvint devant la porte de la Douloureuse Garde. Au son du cor, un chevalier apparut sur le rempart.
– Que demandez-vous ?
– L'ouverture du château.
Le pont-levis s'abaissa, et dix chevaliers armés sortirent pour attaquer le Chevalier Blanc.

Quelle rude bataille ! Lancelot frappait les uns de son épée, fendait les heaumes et les écus des autres. Mais les adversaires étaient de redoutables guerriers. Dès que l'un d'eux était à terre, un autre se précipitait à l'attaque.
Les deux premiers écus à bandes vermeilles étaient fort utiles au jeune chevalier. Il se battit si bien que bientôt ses adversaires ne furent plus que trois. Devant le nombre de blessés et de morts dans leur camp, ils jetèrent leur épée à terre et se rendirent.
La porte du château s'ouvrit alors.

Compréhension

1. À qui Lancelot pense-t-il durant son trajet vers la Dame de Nohant ?
2. À quels signes vois-tu que Lancelot traverse un pays en guerre ?
3. Quel effet son coup de lance contre le bouclier de son adversaire a-t-il ?
4. Selon-toi, de quelle qualité Lancelot fait-il preuve en sautant de son cheval pour rejoindre son adversaire ?
5. Quelle conséquence la victoire au combat de Lancelot a-t-elle ?
6. Quelle nouvelle étonnante Saraide apporte-t-elle à Lancelot ?
7. Quelle épreuve devra-t-il affronter pour connaître les noms de ses véritables parents ?
8. Quelle aide la Dame du Lac, sa mère d'adoption, lui envoie-t-elle ?
9. Grâce à quoi Lancelot parvient-il à battre sept chevaliers ?
10. Pourquoi trois chevaliers se rendent-ils ?
11. Pourquoi Lancelot n'a-t-il pas totalement réussi son épreuve même si la porte du château s'est ouverte ?

Lexique ▶ La famille du mot cheval et son étymologie

« … le **Chevalier** Blanc lança son **cheval** au galop. »

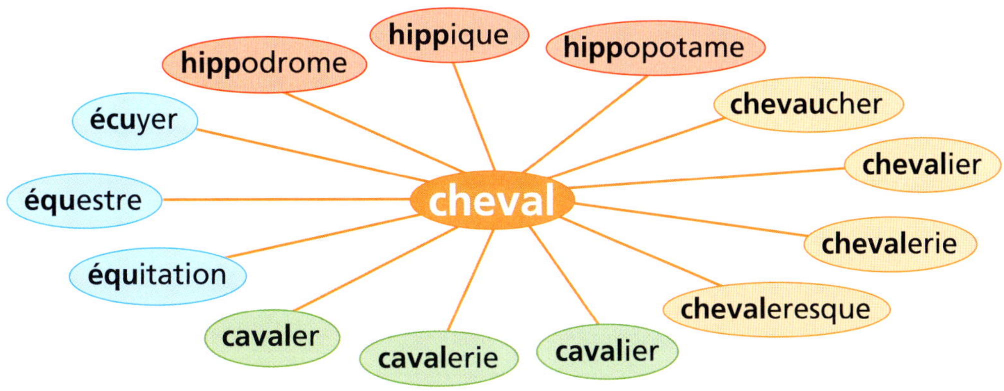

Le mot cheval a plusieurs origines:
latine → *equus* • grecque → *hippo* • italienne → *cavaliere*

Le cimetière des chevaliers Épisode 8

Lancelot réussit à passer la première muraille de la Douloureuse Garde, après avoir vaincu les chevaliers qui la gardent.

LE CHEVALIER vainqueur passa la porte et, comme l'avait annoncé Saraide, se trouva devant un second mur. Cette fois, il brandissait sa lance, protégé de l'écu à trois bandes. Dix chevaliers s'alignèrent devant la muraille, prêts au combat. Lorsqu'ils se lancèrent à l'attaque, Lancelot baissa sa lance, éperonna son cheval, et fondit comme une tempête sur ses attaquants. Il en tua plusieurs, coup sur coup. Les autres, effrayés, mirent pied à terre et s'enfuirent dans le plus grand désordre.

La porte s'ouvrit enfin devant le vainqueur.

Une foule de dames, de demoiselles et de bourgeois se précipitèrent pour l'accueillir dans une explosion de joie. L'un d'eux lui annonça que Brandus des Îles, le mauvais seigneur de la Douloureuse Garde, venait de s'enfuir sur son cheval.

« Ai-je encore à faire quelque chose pour achever l'aventure ? » demanda le Chevalier Blanc.

Sans répondre, ils le menèrent non loin de là, dans un cimetière.

Sur le haut du mur d'enceinte était posé un grand nombre de heaumes.

Sous chacun d'eux, il y avait une tombe sur laquelle on pouvait lire : « Ci-gît Un Tel, et voici son heaume. »

Il y avait aussi des tombes que ne surmontait aucun heaume. On pouvait y lire : « Ici reposera Un Tel », et c'était le nom de quelque chevalier encore vivant.

Enfin, au milieu du cimetière s'étendait une grande dalle de métal ornée d'or, de pierres précieuses et d'émaux.

Dessus étaient gravés ces mots en lettres d'azur :

Seul celui qui aura délivré la Douloureuse Garde
pourra me soulever.
Il saura alors de qui il est le fils.

Le Chevalier Blanc se baissa, empoigna la dalle par un des bords.

À sa surprise, il la souleva sans effort. Il vit alors ces mots qui disaient :

Ici reposera Lancelot du Lac,
fils du roi Ban de Benoïc
et de sa dame Hélène.

D'après Chrétien de Troyes, *Le Chevalier de la Charrette*, 1177-1181

Compréhension

1. Quelle force procure l'écu à trois bandes à Lancelot ?
2. Comment sais-tu que Lancelot galope très vite à la rencontre de ses attaquants ?
3. Est-ce que Lancelot a besoin de combattre les dix chevaliers ?
4. Pourquoi les habitants du château accueillent-ils Lancelot avec une explosion de joie ?
5. Qu'est-il arrivé au seigneur du château ?
6. Pourquoi n'y a-t-il pas de heaume sur certaines tombes ?
7. Pourquoi la dalle de métal est-elle si richement décorée, selon toi ?
8. Que faut-il avoir accompli pour pouvoir soulever la lourde dalle ?
9. Qu'apprend Lancelot quand il a soulevé la dalle ?

Rédaction ▶ Rendre l'aventure plus vivante

- Le chevalier Gahelut s'attaqua violemment à Lancelot.
- Lancelot ramena fièrement le diadème à la reine Guenièvre.
- Lancelot combattait si bien que Gahelut et ses hommes tombèrent les uns après les autres.

Pour mieux rendre compte de la difficulté de l'aventure ou pour souligner l'exploit du héros, je peux :
- employer des adverbes de manière ;
- indiquer une action marquante et souligner sa conséquence avec : *si bien que*..., *de telle sorte que*...

Rédaction ▶ Écrire une aventure de Lancelot

J'observe

La disparition du diadème de la reine Guenièvre

Un jour, la reine Guenièvre poussa un cri d'effroi dans son palais. Son diadème avait disparu. Autour de la table ronde, le roi Arthur réunit ses chevaliers, désigna le valeureux Lancelot pour retrouver la couronne et lui confia sa puissante épée.

Lancelot partit sur son cheval blanc, traversa les landes et forêts, sans vraiment savoir où aller. Sur son chemin, il s'arrêta à une fontaine pour abreuver son cheval. C'est alors qu'apparut la fée Morgane. Elle salua le jeune homme et lui fit signe d'observer le reflet de l'eau. Lancelot découvrit le visage du chevalier Gahelut et reconnut le château d'Eylan. Il comprit dès lors ce qu'il devait faire.

Il chevaucha plusieurs jours avant d'atteindre la forteresse. Celle-ci était bien gardée et le pont-levis était levé. Un marchand approchait de l'entrée. Lancelot en profita pour se glisser dans sa charrette et se cacher dans un tonneau. Ainsi, il pénétra secrètement dans l'enceinte et se mit à la recherche de la couronne. Il la trouva dans la plus haute salle du donjon. Il la fourra discrètement dans un sac, descendit les escaliers, mais il croisa alors le chevalier Gahelut. Celui-ci, aidé de nombreux gardes, s'attaqua violemment au chevalier blanc. Avec l'épée d'Arthur, Lancelot combattait si bien que Gahelut et ses hommes tombèrent les uns après les autres. Le brillant chevalier s'échappa rapidement du château et ramena fièrement le diadème à la reine Guenièvre.

- Je formule un titre à mon aventure avec un nom et un complément du nom.
- Je désigne différemment les personnages et les lieux.
- J'emploie des adverbes de manière, indique une action marquante et sa conséquence pour rendre mon aventure plus vivante.
- J'écris mon texte au passé lointain (imparfait et passé simple).

J'écris ▷ J'écris une aventure du chevalier Lancelot.

- Quelle est l'aventure de Lancelot ? Qui la lui confie ? Où se déroule-t-elle ?
- Quels sont les obstacles rencontrés par Lancelot ? Les aides ?
- Quelles sont les péripéties ? Comment Lancelot les surmonte-t-il ?

J'apprends un poème

Retour

Heureux le voyageur que sa ville chérie
Voit rentrer dans le port, aux premiers feux du jour !
Qui salue à la fois le ciel et la patrie,
La vie et le bonheur, le soleil et l'amour !
– Regardez, compagnons, un navire s'avance.
La mer, qui l'emporta, le rapporte en cadence,
En écumant sous lui, comme un hardi coursier[1],
Qui, tout en se cabrant[2], sent son vieux cavalier.
Salut ! qui que tu sois, toi dont la blanche voile
De ce large horizon accourt en palpitant !
Heureux ! quand tu reviens, si ton errante étoile
T'a fait aimer la rive ! heureux si l'on t'attend !
[…]

Alfred de Musset,
Œuvres posthumes, 1888

1 **hardi :** énergique
2 **se cabrer :** se dresser sur ses pattes arrière

Conception de la couverture : Primo & Primo

Conception de la maquette intérieure : Primo & Primo

Adaptation de la couverture et de la maquette intérieure : Jean-Marc Granier

Mise en page : Jean-Marc Granier

Direction éditoriale : Jean Nemo

Édition : Véronique Pommeret

Relecture : Bernadette Kihl

Illustration de la couverture : Rebecca Romeo

Illustrations et lettrines :
Émilie Angebault, *pour les pages 10, 12, 14, 16-17, 20, 22, 110, 112, 114, 116, 118, 120, 122, 124*
Violette Grabsky, *pour les pages 43, 57, 58, 60, 62, 64, 66-67, 70, 72, 74, 91, 109, 141, 155*
Samuel Pereira, *pour les pages 11, 13, 15, 19, 24, 29, 33, 42, 61, 65, 76, 117, 121, 125, 126, 131, 135, 140, 142, 144, 146, 148, 150, 152, 156, 158, 160, 162, 164, 166, 168-169, 172*
Aurélie Quintard, *pour les pages 25, 109, 123, 127, 128, 130, 132, 134, 136, 138, 175*
Rebecca Romeo, *pour les pages 26, 28, 30, 32, 34, 36, 38, 40, 44, 46, 48, 50, 52, 54*
© Pixabay, *pour la page 100 (Doc B)*

Photographies :
Jérôme Chatin/Gamma Rapho, *pour la page 78*
Adobe Stock, *pour les pages 80 à 106*

10, place des Cinq Martyrs du Lycée Buffon, 75015 Paris

ISBN : 978-2-36940-751-5
Numéro éditeur : LDES120220173
Dépôt légal : mars 2023
Achevé d'imprimer en France en mars 2023
par l'imprimerie Pollina - 29198

IMPRIM'VERT Votre imprimeur agit pour l'environnement

PEFC 10-31-2065

FABRIQUÉ EN FRANCE